Lysander

Daniel Nagel

Lysander

Komödie in 4 Akten

Didel-Dadel-Dum
&
Dead Girl Walking Press

Bibliografische Informationen der deutschen Bibliothek:
Die Deutsche Bibliothek verzeichnet diese Publikation in
der deutschen Nationalbibliografie; detaillierte bibliografische Daten sind im Internet über http://dnb.ddb.de
abrufbar.

www.deadgirlwalking.de
www.didel-dadel-dum.de

Herstellung und Verlag: Books on Demand GmbH, Norderstedt
Printed in Germany
ISBN 978-3-8391-2554-0

Personen

LYSANDER
RIKE, die junge Magd in Lysanders Elternhaus
THEATERDIREKTOR
MCMILLAM, Gehilfe des Direktors und heimlicher Geliebter dessen Tochter
MARIELLA, die Tochter des Theaterdirektors und Geliebte des McMillam
LADY KASSANDRA, die Mutter von Lysander

OWEN, Protagonist im Stück und zweifelhafter Held
LADY ISOBEL, Weib in Lysanders Stück
SEBERIUS, Antagonist im Stück
SERPENTIA, Schwester von Seberius
JAZILL, Anführerin der Diebe von Serpentia
DELINQUENTE, CRIMINALE, MALVIVENTE, drei Diebinnen
BÜRGERMEISTER IM THEATERSTÜCK

Drei Marktweiber und drei alte Schachteln
Diener/Mägde
Das Volk, spielende Kinder
Ein Huhn

Erster Akt

Erste Szene

Lysander sitzt in der Mitte der Bühne am Pult in einem Spot. Es ist ansonsten dunkel. Um ihn herum liegt zerknülltes Papier. Ein Tintenfass und einige Federn liegen herum.

LYSANDER *seufzend* Herrje, so wird es nichts. So wird es nie. Der Einfallsreichtum, die Ideen, wo sind nur meine Waffenbrüder? *Springt auf und geht auf der Bühne umher. Kaut auf dem Federkiel.*
Oh, wie konnt ich nur? Schreib ein Stück so hieß er mich. Schreib ein Stück. Neu soll es sein, gut soll es sein. *kopfschüttelnd* Neu waren alle meine Stücke. Aber gut genug für den alten Hund? Nie und nimmer. Ach wenn doch nur … *bleibt schlagartig stehen* … Ich habs!

Rennt zurück zu seinem „Müllhaufen" und lässt sich dort nieder. Mit kritzelnden Geräuschen beginnt er zu schreiben.

Ein gutes Stück, das weiß ein jeder, lebt von seiner Atmosphäre, seiner Seele. Der Autor, die Schauspieler, Kulissenbauer … sie alle können ihre Gabe ganz und gar von ihm da oben erhalten haben, doch wenn die Atmosphäre nichts taugt, dann ist das Stück nur Müll.

Also … *holt Luft und beginnt dann wie wild zu schreiben* Eine Gasse. Ein guter Ort. So voller Leben. Hier soll mein Stück beginnen.

Im Hintergrund wandern Menschen auf die Bühne, unter ihnen Isobel und Owen.

Fuhrwerke rollen umher, die Marktschreier preisen ihre Waren an. *Geräusche, Pferdegetrappel, Marktschreier rufen.*

Das Leben, wie man es sich nicht lebendiger vorstellen könnte. Menschen hier und Menschen dort. Geschäftiges Treiben rundherum.

Um Lysander herum ist die Gasse zum Leben erwacht, die Bühne wird heller, es ist früher Morgen. Nur er an seinem Pult sitzt in der Mitte. Die Menschen beachten ihn nicht. Leben um ihn herum.

Ein Marktweib verkauft Brot an ein weiteres. Ein drittes steht daneben. Sie tratschen aufgeregt und hektisch miteinander.

WEIB 1 Habt ihr es auch gehört, dass die junge Isobel ebenso herrisch und gemein wie schön ist? Man munkelt, dass ihr Vater doch sehr unter diesem Biest von Tochter leiden würde.
Weiber nicken eifrig und bekunden Zustimmung.

WEIB 3 Und ich habe gehört, dass ganze Scharen von Freiern sie verschmäht haben sollen, weil sie so ein giftiges Ding ist.

Weiber nicken eifrig und bekunden Zustimmung.

WEIB 2 Oh ja! Ich habe auch gehört, dass die junge Isobel einen Koch hat richten lassen, weil seine Suppe ihr nicht heiß genug gewesen ist.
Weiber nicken eifrig und bekunden Zustimmung.

WEIB 3 Ich weiß es, als wäre es gestern gewesen, da hieß es noch, sie wolle die Bäckerin in den Kerker werfen lassen, weil ihr Guss noch viel süßer sei als sie.

WEIB 1 *erschrocken* Die Bäckerin? Die soll nur kommen … *zögerlich* Ich werde ihr schon zeigen, wo …
Weib 2 und 3 unterbrechen sie.

WEIB 3 UND 3 Pscht … ! Da kommt sie schon.
Die Weiber wenden sich ab und gehen scheinbar wieder ihren Geschäften nach, doch man sieht sie auf Isobel zeigen und tuscheln.

LYSANDER Ja, die Gasse, welch gute Wahl für einen spannenden ersten Akt. Lebendigkeit und Licht … *hält inne* … das auch jäh seine Schatten wirft. Korruption. Mord. Verbrechen und Verrat.
Auffällige dunkle Gestalten schleichen auf die Bühne – die drei Diebinnen!
Bedrohung immerfort und überall. Sinistere Schergen, böses Blut mit einem Plan … so unglaublich … so unsagbar …

TANZ: Opener der Diebinnen

DREI DIEBINNEN *stellen sich namentlich vor* Delinquente – Criminale – Malvivente.
Booyah / Pose mit Abklatschen.

DELINQUENTE Wenn wir sie diesmal nicht zu fassen bekommen …

CRIMINALE … dann wird SEIN Zorn gewaltig sein.

MALVIVENTE Vielleicht sollten wir uns absetzen?!
Die anderen beiden sehen Malvivente böse an.

MALVIVENTE Wirklich! Wir sollten uns selbständig machen. Dann gäbe es IHN nicht mehr und auch keine Strafen mehr …

DELINQUENTE Lass IHN das nicht hören!

DELINQUENTE Ganz recht! Wenn ER deine Rede hört …

CRIMINALE … sind wir nur noch zwei.
Unbemerkt hat sich Serpentia angeschlichen und steht hinter den Dreien.
SERPENTIA Während ihr noch schwatzt, wetze ich schon die Messer.

Die Diebinnen schrecken zusammen. Serpentia zieht einen Dolch unter dem Mantel hervor und nähert sich Isobel. Isobel erblickt das Messer und

rennt schreiend fort (in die Ränge der Zuschauer).
*Die dunklen Gestalten verteilen sich, kreisen die
Frau nach einer intensiven Verfolgung ein.
Serpentia hebt drohend ihren Dolch.*

LYSANDER Mit einem Streich würde das Böse tri-
umphieren und das finstre Ziel erreichen. Mit einem
Streich würde es --- *LYSANDER SPRINGT MIT-
TEN IM SATZ AUF.*

*Die Bühne ist wieder dunkel. Der Markt ver-
stummt. Die Menschen sind wie eingefroren.*

So wird es nichts. So kann es nichts werden. *Er
hebt den Bogen hoch und liest ihn leise.*

So wird es nicht! *Brüllt und zerknüllt das Blatt – in
chaotischem Durcheinander verschwindet der
Markt von der Bühne. Sehr schnell, passend zu
Lysanders Aktion.*

Würd ich sie nicht lieben, ach ich gäb sie auf, diese
brotlose Kunst. Was ritt mich nur, dies Handwerk zu
erlernen? Noch nie ward ein Stück von mir gespielt.
Noch nie hat eines meiner Stücke jemandem Freude
bereitet und was bleibt, ist das Lachen des Theaterdirektors, wenn er sagt:

„Lysander, lass es bleiben. Meine Tochter Mariella
bekommst du nie."

*Ein Klopfen. Schaut in Richtung Tür, senkt aber
beschämt das Haupt.*

Sehen will ich niemanden. Niemals mehr, solange dieses Stück nicht fertig ist und die schöne Mariella mein mir angetrautes Weib. *Zur Tür.* Lasst mich in Ruhe!

Klopfen.

lauter Ich sagte: Lasst mich!

Die Tür geht auf. Rike betritt die Bühne.

Ich sagte doch, Ihr sollt mich lassen.

RIKE *verschwörerisch zum Publikum* Mir war, als würdet Ihr um Hilfe rufen. So wollte ich eilen, euch zu retten. Notwendig scheints mir nicht zu sein. *Pause* Dann könnt Ihr auch gleich essen!

LYSANDER *schaut weg und winkt ab*

RIKE Ach, nun habt euch nicht so, mein Herr. Essen müsst Ihr. Seid Ihr erst verhungert, ists um Euer Stück geschehen. Dann werdet Ihr die holde Maid auch nicht mehr gewinnen können.

Beißt sich auf die Zunge – weiß, dass sie zu weit gegangen ist.

LYSANDER *zum Publikum* Woher kennt sie mein Motiv? Hat sie mich belauscht? *zu Rike* Deine Fürsorge könnt man leicht als Neugier sehen.

RIKE *ertappter Blick* So ists gewiss nicht. Ganz gewiss nicht. *Geht ein paar Schritte weg und überlegt, was sie sagen soll.* Ihr vergesst, dass meine Kammer der Euren gegenüber liegt und ich des Nachts schon oft vernahm, wie ihr Euer Stück und auch den Herrn Direktor nur allzu laut in Frage stellt. *Geht wieder auf ihn zu.* Mit Verlaub mein Herr, was lasst Ihr für diese Vogelscheuche in Euch die Saat des Zweifels keimen und düngt sie auch noch mit Bedenken? *Greift seine Hand – Lysander schreckt zurück.* Ihr seid ein wahrer Meister, ein Könner und für Größeres bestimmt.

LYSANDER Ach *seufzt*, wem redest du hier nach dem Mund? Deine eigene Meinung kann das ja wohl kaum sein. Wie kannst du – wie kann eine Magd sich erdreisten, das Handwerk des Autors zu verstehen? Sag, liebe Rike, bist du des Lesens überhaupt mächtig?

RIKE *niedergeschlagen – ein wenig traurig* Mein Herr, ich hab doch …

LYSANDER *unterbricht sie* Mir ist die Antwort eins. Ich werde in die Keller gehen. Vielleicht schenkt mir der Wein einen passablen Gedanken. *Geht ab.*

RIKE *wartet, bis er fort ist* Er, nur er allein darf mich so behandeln. Wenn mein Herz gebrochen werden soll, dann bin ich glücklich, wenns durch seine Hand geschieht. Wenn ich schon Kummer haben muss, so bin ich glücklich, dass er seinetwegen kommt. *Hält inne, sieht sich um und beginnt, das zerknüllte Papier einzusammeln und vorsichtig glatt zu streichen.*

den Tränen nah Und wie ich des Lesens mächtig bin. Verschlungen hab ich seine Werke. Jede Zeile, jedes Wort. Wahrlich, er ist für Größeres bestimmt. *Geht ab.*

Zweite Szene

Das Büro des Theaterdirektors. Direktor und McMillam, sein Berater. Später Mariella.
Der Direktor sitzt an seinem Schreibtisch und unterzeichnet Schriftstücke, die McMillam ihm eins ums andere vorlegt. Zwischendurch nimmt er immer wieder einen Schluck Kaffee.

DIREKTOR Niemals wird es ihm gelingen. Niemals. Sag, McMillam, alter Freund und gute Seele, traust du diesem Bengel zu, auch nur einen Satz von Wert zu schreiben?! Dieser kleine Narr. *Wendet sich an McMillam, schaut diesen an, unterbricht seinen Satz mittendrin, schaut weg, schaut ihn an und mustert ihn.* Sagt, McMillam, habt Ihr euch ein neues Wams schneidern lassen? Und auch die Haare – seid Ihr beim Barbier gewesen?

MCMILLAM *sichtlich stolz* Oh mein Herr, die Schamesröte treibt Ihr mir ins Gesicht. Dass Ihr das bemerkt habt. Das Wams ist aus bestem Tuche hergestellt, eine Ladung aus Antwerpen, um genau zu sein. Die Knöpfe sind aus Elfenbein …

DIREKTOR *schüttelt den Kopf* Unglaublich. Hätte es das alte nicht noch ein, zwei Jahre lang getan? Das Gute war da noch nicht von. Warum verschwendet Ihr Euren Lohn, mein Geld, für derartige Belanglosigkeiten?

MCMILLAM Herr, ein Mann in meiner Position muss sich doch …

DIREKTOR *unterbricht McMillam* Schnick-schnack. Zwei Dinge will ich Euch sagen, junger Freund. Erst einmal schaut Ihr mich an. Mein Wams ist nunmehr dreißig Jahre alt und noch immer kleid-sam, wie am ersten Tag.

MCMILLAM *ironisch Richtung Publikum* Für-wahr! Bereits am ersten Tage sah es schrecklich aus!

DIREKTOR Habt Ihr etwas gesagt?

MCMILLAM Nein, mein Herr, sprecht nur weiter.

DIREKTOR Zweitens muss ein Mann in Eurer Posi-tion nicht aussehen, wie ein Mann in Eurer Position, sondern er muss das Geld beisammen halten, um auch weiterhin ein Mann in dieser Position zu blei-ben.

MCMILLAM *genervt zum Publikum* Jetzt kommts …

DIREKTOR Denn nur *McMillam stimmt augenrol-lend mit ein* ein Mann, der redlich und sparsam ist, kann es in unserer Gesellschaft zu etwas bringen. Schau her, McMillam, das ist der Silberling, den ich damals als Junge für das erste Paar Schuhe bekom-men habe, das ich mit eigenen Händen geputzt habe.

MCMILLAM *seufzt, weiter zum Publikum* Immer die gleiche Leier.

DIREKTOR … und irgendwann, mein Junge, wirst du verstehen, dass Sparsamkeit und Redlichkeit das Wichtigste überhaupt sind. *Hält die Münze hoch.*

MCMILLAM Deshalb speisen auch die Boten anderer Familien besser als wir …

DIREKTOR McMillam, was war das?

MCMILLAM Ich wollte nur auf Eure Frage zurückkommen, mein Herr.

DIREKTOR Oh! Nur zu!

MCMILLAM Nun, Direktor, wie soll ichs sagen? Ein Meister wahrlich ist Lysander nicht, doch unterschätzen tät ich ihn an Eurer Stelle nicht. Und mit Verlaub, mein Herr, Euer Handel scheint mir nur zu leicht geschlossen. Seid Ihr es nicht gewesen, der Schauspieler und Regisseure vom Hofe Eures Hauses vertrieben hat? Sah ich Euch nicht noch durch dieses Fenster mit dem Degen in der Hand?

DIREKTOR Recht hast du. Doch hier geht es nicht nur ums Glück meiner Tochter, sondern noch um mehr.

MCMILLAM Mehr? Was meint Ihr, mein Herr?

DIREKTOR Das Wohl unseres Theaters hängt von diesem Jungen ab.

MCMILLAM Aber Herr, auch wenn er des Schreibens ein wenig mächtig ist, so wird sein Stück allein uns nicht vor dem Untergang bewahren.

DIREKTOR Nein, das wird es wirklich nicht. Nicht sein Stück und auch nicht die Liebe zu meiner Tochter. Wahrlich, McMillam, es gibt nur eine Sache, die an diesem Bengel zu gebrauchen ist.

MCMILLAM Was? Nun sagt es schon.

DIREKTOR Seiner Eltern Geld und Name.

MCMILLAM Seiner Eltern Geld und Name? Das, mein werter Herr Direktor, zeugt - mit Verlaub gesagt - von nicht wenig Niedertracht.
Beide lachen schäbig.

DIREKTOR Und dieser Reichtum wird unserm Haus zu neuem Ruhm verhelfen, während der Name uns auch über die Grenzen des Königreiches bekannt machen wird. Stell dir vor, McMillam, wie ich bald die Welt beherrschen werde. *Macht visionäre Handbewegungen, als könne er den gesamten Plan in die Luft zeichnen.* Und der Preis dafür, mein Lieber, der Preis ist lächerlich gering …

MCMILLAM Ihr sprecht von Eurer Tochter, mein Herr? Ists nicht sie, die Ihr für Ruhm und Reichtum tauschen wollt?

DIREKTOR *winkt ab und wechselt noch im Lachen, halb als Scherz, das Thema.* Oft, McMillam, wünscht ich, Ihr wärt ein wenig wie Lysander.

MCMILLAM So kreativ und ungestüm?

DIREKTOR So reich und von edler Geburt.

MCMILLAM *verstummt, Direktor lacht weiter.*

DIREKTOR *lacht immer noch* Im Ernst, mein Freund: Ihr wart mir immer ein treuer Diener und ein zuverlässiger Gehilfe, doch auch nur, weil Ihr des Schreibens und des Rechnens mächtig seid. *Haut McMillam kräftig auf die Schulter.*

MCMILLAM *schwellt stolz die Brust*

DIREKTOR Sonst wärt Ihr immer noch mein Stallbursche.

MCMILLAM *lässt die Schultern und den Kopf hängen* Aber mein Herr …
Mariella kommt auf die Bühne, beide Männer sind sofort still.

MARIELLA *aufgebracht* Vater, ist es Euer Ernst? Vom Stallburschen hab ichs gerade erfahren. Ihr tauscht Euer einziges Kind gegen ein Theaterstück?

DIREKTOR Mein liebes Kind, beruhige dich. Es ist zweimal mehr als ein Theaterstück. Viel viel mehr. Es ist dir eine sichere Zukunft und ein Leben im

Wohlstand. Du bist das Einzige, was ich im Sinn hatte, als ich diesen Handel schmiedete.

MCMILLAM *leise zum Publikum, höhnisch* Wahrlich war sie das Einzige, woran er dachte. Sie und ein dutzend Säcke Gold.

MARIELLA Nun, lieber Vater, das soll ich Euch glauben? *mit großen Augen und ein wenig vorführend* Ihr hattet nur mein Wohl im Sinn?

DIREKTOR Ganz recht. *Legt seine Hand beschwichtigend auf ihre Schulter.* So ist es, meine Liebe.

MCMILLAM *zum Publikum, äffend* Ganz recht, so ist es meine Liebe. *Hält inne.* Mir wird schlecht, wenn ich das höre. Dieser Mann dort ist kein Vater. Er ist ein Teufel.

DIREKTOR *zu McMillam* Hast du etwas gesagt?

MCMILLAM Ich sagte: Zum Teufel, was Eure Tochter Glück hat, dass sie solch einen liebenden Vater hat.

Mariella tippt sich abwertend hinter dem Rücken ihres Vaters auf die Stirn.

DIREKTOR Siehst du nur, mein Kind. Auch McMillam, bekannt als die Stimme meines Gewissens, weiß, dass ichs nur allzu gut mit dir mein.

MARIELLA *erzürnt* Ich kann es nicht mehr hören. All dieses dumme Zeug. Mit einem Taugenichts wollt ihr mich vermählen und als Pfand für einen lächerlichen Handel habt ihr mich gesetzt. Es heißt immer nur spare hier und spare dort, der Geiz hat euch zerfressen, lieber Vater und in den so entstandenen Löchern ist die Gier gewachsen. *brüllend* Verkauft habt ihr mich!

MCMILLAM *legt ihr sanft eine Hand auf die Schulter, bis er sieht, dass der Direktor ihn böse ansieht und die NoGo Fingerbewegung macht* Junge Dame, vielleicht tät es uns allen gut, würdet Ihr ein paar Minuten an der frischen Luft verschnaufen. Zu angeheizt scheint mir die Stimmung hier.

MARIELLA *starrt McMillam mit einer Mischung aus Entsetzen und Verständnislosigkeit an* Was?!

MCMILLAM *gibt ihr versteckte Hinweise, sie merkt es nicht gleich. Übertrieben betont.* In den Garten solltet ihr gehen. Ihr könnt dort wieder zu Sinnen kommen und über die Worte Eures Vaters nachdenken.

DIREKTOR So ists recht.

MARIELLA *wirft McMillam einen giftigen Blick zu* Nun dann. *Geht ab.*
Direktor klopft McMillam auf die Schulter, beide in die andere Richtung ab.

Dritte Szene

Weinkeller. Lysander mit seiner Mutter Kassandra. Diese ist damit beschäftigt, die teuren Flaschen vorsichtig abzustauben. Ab und an liest sie ein Etikett. Ihre Unterhaltung mit Lysander ist nur halbherzig, nebenbei.

LYSANDER Ach Mutter, wie soll ich es nur anfangen? Ich werde sie niemals bekommen, wenn mir nicht bald die zündende Idee kommt. Töricht war ich, mich auf diesen Handel einzulassen. Unseren Namen wird mein Scheitern jämmerlich beschmutzen. Aus dem Hause treiben wird man mich. *verzweifelt* Mutter, weißt du Rat?

KASSANDRA Verzweifle nicht, mein lieber Sohn. In deiner Brust, da wohnt ein gutes Herz. Und Güte – das glaube mir, mein Junge – Güte siegt, ob kurz, ob lang, immer wird sie triumphieren.

LYSANDER Triumphieren sagst du? Ich sehe in dieser Schlacht keinen Triumph. Ich sehe nur meinen Untergang.

KASSANDRA Wo ist er hin der Mut, den du hattest als du dem Herrn Direktor gegenübertratst, um bei ihm um die Hand der schönen Mariella anzuhalten? Wo ist er hin der Mut, der deiner Seele innewohnte, als du diesen Pakt beschlossen hast?

LYSANDER Fort ist er. Für immer fort.

KASSANDRA Besinn dich auf den Mut und auf dein Können, und dir werden alle Tore offen stehen.

LYSANDER Meinst du?

KASSANDRA Gewiss, mein Sohn, gewiss. *Hält inne.* Stellt sich da nur eine Frage: Warum stehst du hier und klagst dein Leid? Warum sitzt du nicht am Pult und schreibst?

LYSANDER Die Muse, Mutter, verlassen hat sie mich. Hinfort gezogen mit dem Mut ist sie. Über alle Berge.

KASSANDRA *lacht* Kleiner Narr. Nicht die Muse bringt die Worte zu Papier, sondern die Feder, geführt von deiner Hand und deinem Herzen. *Klopft ihm auf die Brust.*
Zieht ein Kästchen hervor. Und was die Feder angeht, lieber Sohn, so soll dir diese hier dein Glück bescheren.
Öffnet das Kästchen und offenbart eine gewaltige goldene Feder. Auf mein Geheiß hin hat dein Vater sie erworben. Im fernen Orient auf einem kleinen Markt. Sie ist, so sagt der Händler, ein Relikt von einem längst vergessenen Vogeltier. Dem, der sie besitzt, wird sie das Herze öffnen und im Schreiben die Hände führen.

LYSANDER Solch Unsinn, Mutter, vermag nicht einmal meinem kreativen Geiste zu entspringen. Wahrlich ein amüsantes Märchen, das du da erzählst.

KASSANDRA Glaub es oder glaub es nicht. Wahrhaftig jedoch ist, dass dein Vater eine nicht unbeträchtliche Anzahl Silberlinge hinterlassen musste, damit ich dir dieses Geschenk hier machen kann.

LYSANDER Ich glaubs euch ja! Nun gib schon her …

KASSANDRA Möge sie dir dein Glück bescheren. *Übergibt ihm die Feder, herzt ihn und geht ab.*

LYSANDER *zum Publikum gewandt* Mir scheint, als wäre heut Nacht nicht diese goldene Feder hier *hebt sie übertrieben in die Lüfte* der Quell aller meiner Kreativität, sondern … *wohliges Seufzen* der Gevatter Wein. *Hebt den Krug und nimmt einen kräftigen Schluck.*

Wohlan! Dann werde ich jetzt ein Stück schreiben, wie es noch niemals eins gegeben hat. Voll Spannung und Dramatik. Trauer auch. Und Leid. Doch am Ende wird es dann die Liebe sein, die siegen wird.

Zieht sein Pergament hervor und beginnt zu schreiben. Von Bösewichten werd ich schreiben, Schurken, wie sie die Welt noch nie zuvor erblickt hat … Von Seberius, dem Finsteren und Serpentia, seiner bösen Schwester. Und wie sie ihre Netze spinnen …

Setzt sich an einen kleinen Tisch und beginnt zu schreiben. Leise murmelnd sagt er die ersten Zeilen vor ...

Ein dunkles Verlies. Im Niemandsland zwischen den Bergen und Städten. Eine Gegend, so düster, dass selbst beherzte Abenteurer einen weiten Bogen um sie machen. Dort leben Seberius und Serpentia, Schurken, so verdorben, so böse, dass sich nicht einmal der Teufel in ihre Nähe wagt ...

Kein Weinkeller, sondern das dunkle Verlies von Seberius! Lysander ist zunächst noch schreibend zu sehen und geht dann ab.
Seberius, Serpentia, Jazill. Seberius thront in der Mitte der Bühne. Zu seiner Rechten hockt Serpentia und schärft einen Dolch.

SEBERIUS Hör mir zu, du unselige Brut, die sich meine Schwester nennt. Bald wird es soweit sein ... Bald werden wir sie haben, die Tochter des Bürgermeisters, sein edelst Hab und Gut.

SERPENTIA *kichert sinister* Und dann, mein Bruder? Misslang nicht schon mein Anschlag auf dem Marktplatz? So wollt Ihr sie gefangen nehmen und an ihr die Rachsucht stillen, die seit jenem tragischen Ereignis Euer Innerstes beseelt?

SEBERIUS Du hast nicht ganz unrecht mit deinen Worten. Obgleich der Mord an seiner Tochter mein erster Einfall war, so wüsst ich, was noch härter treffen würde. Weißt du, was ich meine? Er soll nicht nur trauern. *Hebt beschwörerisch die Arme.* Vernichten will ich ihn.

SERPENTIA Oh Bruder, sagt es mir! Sagt mir, wie kann ich in diesem düstren Plan meinen Anteil geben? *Hört auf zu schleifen und hält den Dolch in die Höhe.* Soll ich, und dieses Mal erfolgreich, als Eure schönste Mörderin fungieren?

SEBERIUS *erhebt sich von seinem Thron* Nein, oh nein, dieses Mal wird es keinen Mörder geben – dein Dolch bleibt in der Scheide ruhen. *sinistres Kichern* Sende deine Diebe und bringe mir die Tochter her. Du wirst schon sehen, wie ich mir die Gunst ihres Vaters dann erschleichen werde.

SERPENTIA *lässt enttäuscht die Schultern hängen* Keinen Mord? Nicht mal einen kleinen? Wir könnten ein paar Diener töten? *sieht ihn fragend an* Den einen oder anderen, nicht einmal ein Dutzend müsstens sein.

SEBERIUS *fährt sie an* Nein, keinen Mord, kein Blutvergießen. So sag ichs und so wird es sein. *Sammelt sich.* Und nun, Serpentia, sende nach deinen Dieben!

SERPENTIA So sei es Bruderherz. *Dreht sich zum Off, ruft.* Jazill, man rufe mir Jazill herbei.

Einen Augenblick später tritt Jazill aus dem Dunkel hinter den beiden auf die Bühne. Jazill war die ganze Zeit dort, unter einem Vorhang, an der schwarzen

Wand oder unterm Tisch. Dieses Thema variiert über das ganze Stück. (Sie ist die Stehlampe, die Statue oder das Laken auf einem Sessel etc.)

JAZILL *wispernd* Meisterin, Ihr habt gerufen? *Serpentia und Seberius erschrecken, weil sie Jazill nicht kommen gesehen haben.*

SERPENTIA In der Tat, Jazill, das habe ich. Du bist die Meisterin unserer Diebe und die flinkste von allen. Rauben sollst du etwas. Deshalb bist du hier.

JAZILL *verneigt sich* Gewiss, meine Herrin, das werde ich. So sagt, was soll ich für Euch rauben? Gold, Geschmeide oder Diamanten? Und sagt, was davon wird mein Anteil sein?

SEBERIUS Nichts von diesem weibischen Unsinn, sondern etwas viel, viel Wertvolleres!

JAZILL *entgeistert* Meister, was kann es Wertvolleres geben als das Gold von anderen Menschen? Und was kann es Schöneres geben, als es ihnen wegzunehmen? *Beginnt sich im Thronsaal ihres Herren nach Diebesgut umzusehen.*

SEBERIUS *packt Jazill an den Schultern und beginnt sie zu schütteln* Die Tochter des Bürgermeisters. Sein wertvollster Besitz.

JAZILL Meister, was für ein Einfall! Wir rauben seine Tochter und pressen den ganzen Reichtum dann als Lösegeld aus dem alten Greis heraus.

SERPENTIA Ja, sein letztes Hemd wird er uns geben, nur damit wir seinem Töchterchen kein Haar krümmen.

JAZILL Oder wir verkaufen sie als Sklavin in den fernen Orient! Für das zierliche Persönchen bekommen wir ein hübsches Sümmchen.

SEBERIUS *tritt einen Schritt von den beiden weg und fährt dann beide an* Oh, wie ihr mich graust. Einfaltspinsel seid ihr! Wollte ich sein Gold, so ließe ich es rauben.

Wandert wütend auf der Bühne umher. Ich kann es noch nicht glauben, meine Schwester, mein eigen Fleisch und Blut ist dumm wie ein Ballen Stroh … und dümmer noch ist die Hauptfrau ihrer Diebe. Meine Pläne sind zu schade für derart üble Schergen! Jazill, enthaupten lassen sollte ich dich für deine geistige Trägheit! Eigentlich euch beide! *Beruhigt sich. Wendet Anti-Stress-Methode an.*

SERPENTIA So sagt es doch, mein Bruder, mein Herr. Wie, wenn nicht durch Erpressung, werden wir des Reichtums des Bürgermeisters uns bemächtigen?

SEBERIUS Erpressung. Was für ein schändliches Wort aus dem Munde meiner Schwester. Die Zeiten ändern sich. Und wir ändern uns mit ihnen. Nicht mehr Rauben, Morden *Serpentia lässt die Schultern hängen.* und Erpressen wird unser täglich Brot uns bringen.

Jazill

Nicht? Herr, was denn sonst? Wir können doch nichts anderes.

SEBERIUS *giftiger Blick* Es kann nicht sein, dass ich, der mächtigste und unglaublichste Schurke, den es jemals gab, nur von solchen Holzköpfen umgeben bin. Das, was uns in Zukunft das Leben sichern wird, ist etwas gänzlich anderes.

JAZILL Und was, mein Herr?

SEBERIUS Dankbarkeit.

SERPENTIA UND JAZILL Dankbarkeit?!

SEBERIUS So stellt euch vor, wie unermesslich der Reichtum wäre, den uns der Bürgermeister gewähren würde aus Furcht um das Leben seiner Tochter.

JAZILL Ein ganzer Haufen wird es sein.

SERPENTIA Ja. Unerhört viel.

SEBERIUS Und jetzt bedenkt, dass es doch nur ein kleiner Teil dessen wäre, was dort in den Schatzkammern wartet. Wie kommen wir an diesen Reichtum?

SERPENTIA Erst erschlagen wir die Wachen am Osttor der Stadt, die Wächter vor dem Rathaus wird Jazill vergiften.

JAZILL Ganz genau. Vergiften werde ich sie.

SERPENTIA … und schließlich werden wir mit einer Handvoll Männer das gesamte Rathaus plündern. Und abbrennen. Nichts mehr davon wird übrig sein. Brennen wird die ganze Stadt.

SEBERIUS *klatscht langsam*

JAZILL Seht ihr, Herrin, es gefällt ihm …

SERPENTIA Bruder, habt Ihr euch besonnen? Seht Ihr ein, dass Mord und Plünderung des Schurken Handwerk sind?

SEBERIUS *geht noch ein paar Schritte umher und hört dann auf zu klatschen* *LAUT* Was meint ihr, wie unauffällig dieser Plan sich umsetzen ließe? Wir schleichen in die Stadt und wandern mit dem Gold aus einem Haufen rauchender Trümmer. Wäre nicht bald die ganze Insel gegen uns?

Subtiler müsst ihr denken. Auch wenn ich gegen eine feine Plünderung nichts einzuwenden hätte, *verträumt* ach, was wär das für ein Spaß */verträumt*, so können wir es uns nicht erlauben. Und nun schweigt und lasst mich meinen Plan erklären.

JAZILL Aber Herr …

SEBERIUS *zieht den Degen und bedroht Jazill* SCHWEIG jetzt! *Seberius richtet sich die Haare, steckt den Degen weg und atmet ein paar Mal kräftig durch, um sich zu beruhigen, summt sein Mantra.*

SEBERIUS Zur Frau nehmen werd ich die Tochter des Bürgermeisters. Ihr werdet sie entführen und ich werde sie ihm zurückbringen. Ich werde der Held der ganzen Stadt mit der größten Schandtat, die man nur vollbringen kann. Aus tiefster Dankbarkeit heraus wird der Bürgermeister mir die Hand seiner Tochter anbieten. Und mit ihrer Hand den Schlüssel zur Schatzkammer. Und das Beste ist: Wir werden sie unter seinen Augen rauben. Der große Maskenball steht an. Unerkannt und so ganz ohne Blutvergießen werden wir sie entführen …

SERPENTIA Bruder, mit Verlaub, du bist der Teufel!

JAZILL Der Teufel.

SEBERIUS *zieht die Augenbrauen hoch* Ich weiß.

TANZ: Seberius, Serpentia und Jazill - die Teufel

---

inne Und nun geht und bereitet alles vor.
Fantasie-Charaktere gehen ab. Dann Lysander mit
Papier und Feder, zerknüllt seinen Text, flucht über
seine Bösewichte. Ab.

Zweiter Akt

Erste Szene

Venezianische Maskenballgesellschaft. Bürgermeister, Isobel. Serpentia und Jazill abseits. Bedienstete flitzen umher. Der Bürgermeister und Isobel schlendern Arm in Arm über den Ball.
Auf dem Maskenball drücken sich drei „alte Schachteln" herum, die nichts Besseres zu tun haben, als ihren Unmut über die Gastgeberin kundzutun.

SCHACHTEL 1 Glaubt mans? Isobel, die Olle, hat noch immer keinen Mann.

SCHACHTEL 2 Und sie wird gewiss auch nie einen bekommen.

SCHACHTEL 3 Nein, nein, dafür fehlt es ihr an Stil …

SCHACHTEL 1 Klasse …

SCHACHTEL 2 Und Format …

SCHACHTEL 3 Wie wir es haben.
Die drei kichern.

SCHACHTEL 1 Und dieses Essen! Herrje, im tiefsten Kerker würde es ja besser schmecken. Man sollte den Koch hinrichten! Nicht einmal Trüffel gibt es hier!
Isobel stolziert mit ihrem Vater an den dreien vorbei.

SCHACHTEL 1 Pscht … da kommt sie. *dann laut* Lady Isobel, wie schön ist es, Euch zu sehen.

ISOBEL *ignoriert sie*

SCHACHTEL 2 *seufzt* Ach, Isobel, Ihr habt so viel Klasse.

SCHACHTEL 3 Stil …

SCHACHTEL 1 Und erst Format!

ISOBEL *flüchtig nickend* Vater, sag, seit wann sind denn die Mägde im Ballsaal akzeptiert?

BÜRGERMEISTER Und, meine liebe Tochter, was hältst du von dem Ball? *Sieht Isobel erwartungsvoll an.*

ISOBEL *gelangweilt* Ich bin entzückt. Du hast dich wieder selbst übertroffen mit diesem tollen Ball.

BÜRGERMEISTER Nur das Beste für meine Tochter und zu ihrer Unterhaltung. Du bist nun mal mein größter Schatz. Jedes Jahr zu deinen Ehren veranstalte ich diesen Ball. Jedes Jahr seit deiner Geburt. Die ganze Stadt fiebert ihm entgegen. *Legt ihr die Hand auf die Schulter.*

ISOBEL Ach, mein lieber Vater …

BÜRGERMEISTER Ja, meine Liebe?

ISOBEL Findest du nicht, dass das Buffet dieses Mal ein wenig dürftig ist? Beinahe so, als sei es von Landstreichern hergerichtet worden.

BÜRGERMEISTER Jetzt, wo du es sagst … *Klatscht und sofort machen sich Bedienstete daran, am Buffet zu werkeln.*

ISOBEL Und was hat es mit dieser Dekoration auf sich? Soll das hier ein Kerker sein, lieber Vater, oder ein Ball? Ich hoffe, der Verantwortliche hat bereits seine gerechte Strafe erhalten.

BÜRGERMEISTER *seufzt* Ach mein Kind …

ISOBEL Was sehe ich da? Keine Trüffel?! *außer sich* Vater, bei aller Liebe, so kann und will ich nicht feiern …
Beide bewegen sich diskutierend zum Buffet. ETWAS ABSEITS:

SERPENTIA *sucht Jazill* Jazill? Komm raus Jazill! *Jazill löst sich wie von Zauberhand aus der Wand – Serpentia schaut in die falsche Richtung und er-*

schrickt, als Jazill ihr von hinten auf die Schulter tippt – versucht dann so zu tun als sei nichts gewesen.

Du wirst nun die beiden Wachen aus dem Wege räumen.

JAZILL Aber der Meister sagte, dass wir kein Blut vergießen sollen. Er wird sehr zornig, wenn wir uns nicht an seine Worte halten. *Verstaut einen Leuchter in einem Sack.*

SERPENTIA Ach, hab dich nicht so. Ein oder zwei. Höchstens drei von ihnen werden dran glauben müssen. Es ist für eine gute Sache. UND: Der Meister, wie du meinen Bruder nennst, wird es nicht erfahren.

JAZILL Herrin, ich bin zwar eine wahrlich gute Diebin, aber eine Mörderin … nein das bin ich nicht! *Stiehlt einen Becher.*

SERPENTIA Morden musst du nicht. Das wird dieses Elixier *zieht ein Fläschchen aus ihrem Ausschnitt* schon für dich richten. Und bedenke, es sind nur Wachen. Dumme, unbrauchbare Handlanger.

JAZILL Herrin, ich weigere mich. Nicht meines Gewissens wegen – aber der Zorn Eures Bruders, er wird mich bestrafen. *Begutachtet Besteck und lässt es in den Sack wandern.*

SERPENTIA PSCHT!!! Sei nicht so laut, sonst ist die Strafe meines Bruders deine allerkleinste Sorge. Und jetzt hör endlich auf zu jammern. *Steckt das Fläschchen weg und zieht ein anderes hervor.* Dann nimm halt dieses hier. *Reicht ihr die Flasche.*

JAZILL Es wird nicht alle richten? *Greift zögerlich nach der Flasche.*

SERPENTIA Nein. Es wird sie schlafen lassen. Tief und fest.

JAZILL Und wenn sie erwachen, sind wir über alle Berge. Und Bürgermeisterchens Tochter mit uns.

SERPENTIA Dann schreite jetzt zur Tat.
Beide ziehen sich in den Hintergrund zurück. Jazill schleicht ein wenig auf dem Ball umher, wird aber von einem Diener angesprochen.

DIENER Darf es noch etwas zu trinken sein, Gnädigste?

JAZILL Zu trinken? Für mich? Nein, danke, mein Bester. *Legt dem Diener die Hand auf die Schulter und entwendet ihm den Münzbeutel am Gürtel.*

DIENER Wie Ihr wünscht.
Diener geht weiter, Jazill schüttet den Inhalt des Beutels in ihre Hand und geht zählend in den Hintergrund.

Alles friert ein und bleibt stehen.

LYSANDER *stolpert durch die Szene. Bleibt mitten auf der Bühne stehen, nur einen Bogen Papier und seine Feder in der Hand.*

So ist es recht. Einen prunkvollen Ball habe ich mir da ausgedacht. Und alle sind sie da. Der Adel, der Bürgermeister und seine schöne Tochter. Sogar die Schurken sind …

Muss sich kurz sammeln, schaut verwirrt auf seinen Bogen. Die Schurken sollten hier doch gar nicht sein. Was hecken die nur aus? *Geht zu Jazill, die gerade dabei ist, das Fläschchen in den Krug eines Bediensteten zu entleeren und piekst sie mit einem Finger.*

Sonderbar ist das. Aber zufrieden bin ich dennoch mit mir. Dank meiner Feder wird dies ein ganz großartiges Stück. *Hebt die Feder hoch und betrachtet sie, schenkt sich dann aus dem Krug einen Becher ein und trinkt einen tiefen Schluck. Schenkt sich nach und trinkt einen weiteren Becher.*
Ein wenig dämmrig ist mir nun … *Setzt sich in eine Ecke und schaut dem Treiben zu.*
Der Ball geht weiter.

JAZILL ZÜRUCK SERPENTIA

Herrin, es ist vollbracht. So sagt, spricht etwas dagegen, wenn ich mich vielleicht noch ein wenig in den oberen Etagen umsehe? Ihr wisst, der Standesehre wegen.

SERPENTIA Nur zu. Es wird einen Moment dauern, bis das Mittelchen zu wirken beginnt.

TANZ: Isobel und Gefolge beim Maskenball

Licht im Dunkel. Die Gäste des Balles schlafen alle kreuz und quer über die Bühne verstreut. Jazill und Serpentia stehen inmitten der Szene und begutachten das Ganze. Jazill, einen RIESIGEN Sack auf dem Rücken, durchsucht die schlafenden Gäste und entwendet hier und da etwas.

SERPENTIA Nun, dann wollen wir das Vöglein mal entführen. *Geht zum Thron des Bürgermeisters und tippt die schlafende Tochter mit dem Fuß an.* Nichts. Sie schläft wie tot.

Beginnt an ihr zu zerren – erfolglos. Jazill, jetzt komm schon her und hilf mir.

JAZILL Ich eile, Herrin. *Stellt den Sack neben der Tochter ab.*

SERPENTIA Was ist denn all der Plunder?

JAZILL Die Standesehre, meine Herrin. Ich wäre keine Diebin, würde ich nicht stehlen. Herrin, mit Verlaub, ich war so frei, ein paar der Diebinnen in der Gesindekammer zu verbergen. *pfeift*

Mehrere Maskierte stapfen auf die Bühne: die drei Diebinnen.

DELINQUENTE Hier sind wir, Meisterin Jazill.

JAZILL Schnappt euch das Mädchen dort und schafft es ins Lager.

Zwei der Diebinnen greifen die Tochter und schleppen sie von der Bühne. Die Dritte will Jazills Sack nehmen, doch diese faucht sie an:

JAZILL Denk nicht mal daran! *Zieht einen kleineren Sack aus dem Sack und reicht ihn der Diebin.*

Und nun pack den Rest ein. Wer weiß, wann sich uns wieder eine solche Gelegenheit offenbart. *Verlässt die Bühne mit ihrem Sack.*
Die verbliebene Diebin wühlt ein wenig zwischen den Leuten und findet Lysander samt seiner goldenen Feder.

MALVIVENTE Oho. Dies Prachtstück hier sieht wertvoll aus. Warum sollt ich einen Sack voll Plunder schleppen, wenn ich diese goldene Feder habe. *Steckt sie in den Sack.* Viel mehr werde ich nicht brauchen. *Geht ab.*

Zweite Szene

Küche. Lysander und Rike. Lysander stochert lustlos im Essen herum. Er lässt den Kopf hängen. Zerknülltes Papier um ihn herum.

RIKE Oh sagt, was bedrückt Euch, mein Herr. Gar zum Fürchten seht Ihr aus. *Kichert leise.* Habt Ihr Euch etwa im Weinkeller unterkühlt?

LYSANDER *knurrend* Ach, liebe Magd, du hast es gut. Dein Leben ist einfach. Wie gern würde ich mit dir tauschen. Du trägst keine Verantwortung und hast auch sonst nichts auszustehen.

RIKE Tauschen möchtet Ihr mit mir? Ihr könntet damit anfangen, Euren Abwasch selber zu erledigen. *lacht*

LYSANDER Genau das meine ich doch. Ein jeder könnte eure Arbeit tun. Mein Stück jedoch, das will von mir geschrieben werden. *Pause* Naja, eigentlich will es zurzeit nicht geschrieben werden.

RIKE Scheinbar schläft Eure Kreativität noch. Kommt, mein Herr. Esst und stärkt Euch für den Tag.

LYSANDER Nein. Dafür ist keine Zeit. Ich muss noch ein paar Szenen schreiben. Fast alle, um genau zu sein. *Schlägt den Kopf auf den Tisch und wimmert.* Ich werde es nicht schaffen. Niemals. Vielleicht kann Mutters goldene Feder … *sucht in seinen Taschen* sie könnte sicherlich *sucht weiter, verzweifelt, Panik* ... weg. *weinerlich* Nein, ich schaffe es niemals!

RIKE *tritt an ihn heran und legt ihm die Hand sanft auf die Schulter* Auch, wenn niemand mehr an Euch glaubt, nicht einmal Ihr selbst, bin ich davon überzeugt, dass Ihr die Welt eines Tages begeistern werdet. Ob durch Eure Stücke oder durch Euren Edelmut. Ihr seid ein guter Mann, Lysander.

Beide sehen sich für einen Moment tief in die Augen. Ihre Hand liegt auf seiner Schulter. Sie nähern sich scheinbar unscheinbar ;-) zum Kuss. Dann springt Lysander plötzlich auf.

LYSANDER Jetzt hab ich es. Einen Helden braucht mein Stück. Jemanden, der zur rechten Zeit das Rechte tut. *Stößt Rike von sich weg, wischt das Geschirr scheppernd vom Tisch.* Bring mir Wein, und dann mach, dass du raus kommst. Meine Kammer muss gelüftet werden. Und ich muss meine Ruhe haben, um zu schreiben.

RIKE *traurig* Wenn es Euch denn hilft. *Sammelt die zerknüllten Blätter ein und schlurft davon.*

LYSANDER Sollt ich wirklich meine Ruhe haben? Kaum zu glauben. Schlicht im Geiste ist die kleine Magd und doch in ihrer Art sympathisch. Aber genug der Ablenkung. Ich muss schreiben, um das Herz der einzig Wahren *dreht die Augen Richtung Himmel* zu gewinnen. *schwärmend*

Schüttelt den Kopf. Die wilden Zeiten der neuen Welt geben gar einen ganz fantastischen Platz für die Geburt eines Helden ab. Hüte und rauchende Revolver. Eine Welt, in welcher der Gerechtigkeit noch durch einen Strick genüge getan wurde.
Fängt an zu schreiben und murmelt. Eine Bar. Ein düsterer Ort voll noch viel düsterer Gesellen.

KEINE KÜCHE MEHR, SONDERN EIN BE-LEBTER SALOON.
Cowboys, Indianer. Ein Barkeeper. Seberius und Serpentia sitzen an einem Tisch etwas abseits von Lysander und spielen Karten. Musik, Lachen und Gerede erfüllen die Luft. Lysander schielt schüchtern auf den anderen Tisch hinüber.

LYSANDER Nicht schlecht. Gar nicht schlecht. Genau so hab ich mir solch einen Sündenpfuhl vorgestellt. Mit Säufern und mit Glücksspiel. Inmitten des Verdorbenen werde ich den Helden finden. Genau den Richtigen für die Befreiung der hübschen Isobel! Er wird durch diese Tür kommen *deutet auf den Eingang*, nur einen Satz sagen und sofort alle für sich gewonnen haben. Daran werde ich ihn erkennen.

OWEN *wankt auf die Bühne. Er ist stark betrunken.*

Hey … *mit kräftiger Stimme*
Alles verstummt; man starrt Owen an.

43

LYSANDER *reibt sich die Hände* Ja, genau so! Er ist es!

OWEN … Barmann, ich nehm noch einen. *Hält eine leere Flasche in die Luft, während er auf die Bar zu wankt.*

LYSANDER Was?! Das kann nicht sein! Vielleicht hab ich mich geirrt?

OWEN Barmann, wird es bald? Du lässt doch die zahlende Kundschaft nicht warten, oder?
Als keine Reaktion erfolgt, lässt Owen sich am Tresen nieder und zückt seinen Flachmann. Die Unterhaltung zwischen Serpentia und Seberius wird intensiver, bis Serpentia schließlich aufsteht und auf Owen zugeht.

SERPENTIA Oh, was sehen meine müden Augen hier? Gehört Euch nicht das Gut, etwas außerhalb der Stadt? Das mit den besten Pferden weit und breit?

OWEN *mürrisch und ohne aufzusehen* Wer will das wissen?

SERPENTIA Sagen wir … jemand, der dir ein Angebot machen möchte?

OWEN *sieht auf und mustert Serpentia; redet dann wie ausgewechselt* Nur zu, meine Schöne, sprecht.

SERPENTIA Seht Ihr dort drüben an dem Tisch? Das ist mein Bruder. *Zeigt auf Seberius.*
Seberius winkt kindisch.

OWEN Und? *Mustert Serpentia weiter, geht ein paar Schritte um sie herum.*

SERPENTIA Er ist ein wenig langsam im Kopf. Schwer von Begriff. Du weißt, was ich meine?

OWEN *nickt* Du meinst, dass er nicht ganz dicht ist. Plemplem. Crazy. Meschugge …

SERPENTIA *unterbricht Owen* Genau das meine ich. Und er hat den Hof unserer Eltern geerbt. Dreimal so groß wie deiner, aber zum Untergang verurteilt unter seiner Führung.

OWEN So sei es drum. Dann brauchst du jetzt ja einen Platz, wo du heute Nacht schlafen kannst. *Owen legt Serpentia den Arm um die Schulter, doch diese schiebt ihn unterdrückt angewidert von sich.*

SERPENTIA Nicht so eilig.

OWEN Du brauchst dich auch nicht wegen deiner albernen Klamotten zu schämen. Ich hab mich da nicht so.
Serpentia blickt zu Seberius, zieht den Dolch und macht Halsabschneiderbewegung; Seberius schüttelt den Kopf; Serpentia wendet sich wieder dem Gespräch zu

SERPENTIA *streicht Owen mit der Fingerspitze über die Schulter* Wenn jetzt sich nur jemand finden würde, der in einem Pokerspiel den Hof ihm abnehmen würde, um ihn dann gemeinsam mit mir zu führen … oh meine Dankbarkeit würde ich ihm auf ganz besondere Weise zeigen. *Lächelt verführerisch.* Einzig ein paar Dinge gilt es zu beachten …

OWEN *unterbricht Serpentia* Auf ganz besondere Weise? *Schaut in die Luft und malt es sich aus.* Ok, alles klar. Ich machs. *Nimmt einen kräftigen Schluck aus dem Flachmann und begibt sich zu Seberius an den Tisch. Serpentia folgt.*

MUSIK: Kartenspiel, Western/Country

Das Spiel geht in die finale Runde.

SEBERIUS Nun, was ist? Geht Ihr mit?

OWEN Ich gehe mit und erhöhe den Einsatz.

SERPENTIA Bruderherz, ist es Mut oder Dummheit? *Zwinkert Owen dabei zu.*

OWEN Hört auf zu reden und zeigt mir Eure Karten!

SEBERIUS Gemach, gemach mein Freund. *Tuschelt mit Serpentia.*

OWEN Ich sags noch einmal: Hört auf zu flüstern und zeigt mir Eure Karten!

Lysander steht auf. Schaut sich im Saloon um.

OWEN Was ist denn nun? Werd ichs heute noch erleben, dass Ihr mir Euer Blatt präsentiert?

SEBERIUS Geduld. Wie wärs mit etwas Unterhaltung?

OWEN Wie meint Ihr das?

LYSANDER *abseits* Was bahnt sich da nur an?

SERPENTIA *klatscht in die Hände. Drei Damen lösen sich aus der Masse und umtanzen Owen, lenken ihn auf diese Weise vom Spiel ab, ziehen ihn sogar vom Tisch. Seine Karten lässt er liegen.*

TANZ – Damen des Saloons, Can Can

Ist das nicht genau das Richtige zu so später Stunde?

SEBERIUS *wartet einen Moment, beugt sich rüber und beginnt, die Karten des Mannes zu sortieren. Wirft die Guten achtlos durch den Raum und sortiert die Schlechten ein.*

Der Tanz ist vorbei. Völlig außer Atem lässt sich Owen wieder an seinem Platz nieder.

OWEN Dann können wir nun zur Tat schreiten?

SEBERIUS Nur zu.

OWEN Ich habe vier Buben. *Knallt sein Blatt auf den Tisch.* Damit gehört Euer Hof, Euer Geld und Eure Schwester mir. *Greift nach dem Geld auf dem Tisch und nach dem Handgelenk von Serpentia.* Ihr seid ein Narr gewesen, euer Hab und Gut in einem Pokerspiel zu setzen.

SEBERIUS *packt Owens Hand* Nicht so eilig, mein Freund. Nicht so eilig.

OWEN Was? Was geschieht hier? *Starrt ungläubig auf den Tisch und die Karten von Seberius.*

SEBERIUS *legt langsam eine Karte nach der anderen auf den Tisch* Wer ist nun der Narr?

OWEN Vier Asse?! Das kann nicht sein. *Springt auf.* Ihr seid ein Betrüger! Ein Scharlatan. Es war ein abgekartetes Spiel! Ihr und Eure Schwester seid die Brut des Teufels.

SEBERIUS *nickt* Ganz recht.

SERPENTIA In der Tat. *Nickt ebenfalls und beginnt dann langsam den Gewinn einzustreichen*. Nun, was haben wir hier? Es scheint mir, als hättet auch Ihr Eure ganze Habe gesetzt. Hat Euch die Gier etwa geblendet?

OWEN Geblendet hat mich Eure verderbte Zunge! Ich werde Euch … *Geht auf Serpentia los.*

SEBERIUS *stellt sich zwischen Owen und Serpentia. Ist erheblich größer als Owen.* Ihr werdet was?

OWEN *stammelt* Euch zu Eurem verdienten Siege gratulieren. *Dreht sich um und wandert missmutig zum Tresen.*
Seberius und Serpentia praktizieren „High Five" und verlassen dann die Szene.

OWEN *schenkt sich ein Glas Whisky ein, nimmt dann aber einen tiefen Zug aus der Flasche. Steht vom Tresen auf und wendet sich zum Publikum.* Nun steh ich hier. Nichts weiter, als ein wenig Schnaps ist mir geblieben. Das Leben meint es nicht gut mit mir. *trinkt*

LYSANDER Oder sollte er vielleicht doch ein Held sein? Ein ungeschliffener Diamant, dem ich zu seinem Glück verhelfen muss?

OWEN *hält die Flasche hoch, scheint mit ihr zu sprechen.* Du, du bist mein einziger Freund. Ohne dich wäre mein Leben bereits dreimal zu Ende. Deine süßen Fänge streckst du mir entgegen und hüllst meine Sorgen in einen schweren Mantel aus dem dicken Samt des Vergessens.

LYSANDER *äfft Owen nach*

OWEN In dieser Welt ist kein Platz mehr für einen Burschen wie mich. Kein Platz mehr für Spieler. Und jetzt, da mein ganzes Hab und Gut der Verlockung eines Weibes, *lüstern, langsam* was für ein Weib, zum Opfer gefallen ist, hat mein Leben keinen Sinn mehr. Ich würde mich aufhängen, könnte ich mir nur den Strick leisten.

LYSANDER Jetzt ist aber Schluss. Das kann man ja gar nicht mit anhören. Es wird Zeit, dass wir diesen jungen Mann seiner Bestimmung zuführen. Ohne meine Feder bleibt mir nur, ihn mit Worten davon zu überzeugen, dass er Isobel befreien muss. *Geht zu Owen.* Ich kenne Euch.

OWEN *vertieft in eine Flasche Whisky* Sicher tut Ihr das. Ich bin der Narr, der vor einem Augenblick alles verspielte, was er hatte.

LYSANDER Nein, im Ernst. Ich kenne Euch. Ihr seid Owen, der Held in meinem neuesten Meisterwerk.

OWEN *schaut Lysander an* Hör zu, mein Junge, jetzt im Moment bin ich nicht zum Scherzen aufgelegt. Und überhaupt: Was redest du denn da? – Hast du etwa auch zu tief ins Glas geschaut? Warte nur, ich werde dir bald folgen. *Leert das Glas. Füllt es. Leert es. Füllt es.*

LYSANDER Ihr werdet die Tochter des Bürgermeisters aus den Fängen von Seberius und seiner Brut von Schwester befreien.

OWEN Den Einzigen, den ich befreien werde, mein Freund, ist der Whisky. Und zwar aus dieser Flasche hier. *Schenkt ein. Trinkt aus. Schenkt ein. Trinkt aus.*

LYSANDER Aber Ihr müsst sie befreien, sonst wird Seberius sie dem Bürgermeister zurückbringen.

OWEN Hört Ihr Euch denn selbst nicht reden?! Dann ist doch alles gut, wenn er sie dem Bürgermeister zurückbringen wird. Schade wärs um den steilen Zahn. *Ahmt die chauvinistische Geste für „Dicke Titten" nach.*

LYSANDER Nein, denn als Dank dafür, dass er sie zurückbringt, wird der Bürgermeister sie ihm zur Frau geben. Ihr müsst …

OWEN *rutscht betrunken vom Stuhl und liegt auf dem Boden. Stöhnt besoffen und lallt wirres Zeug.*

LYSANDER Oje. Was ist nur aus meinem Helden geworden?

OWEN *singt lallend* Ich bin ein Held? … ich bin ein Held … ich bin ein Held!

LYSANDER *versucht den Owen alleine stehen zu lassen, was dazu führt, dass dieser sofort in sich zusammensackt.* Und ob du ein Held bist! Also reiß dich zusammen! Du bist ein Held – da kannst du schlecht ein Säufer sein!

OWEN *lallt* ich bin kein Säufer.

LYSANDER Ach nein?! Was willst du dann sein?

OWEN Ich bin ein Spieler.

LYSANDER Ein Spieler?

OWEN Und Spieler trinken nur, wenn sie gewonnen haben. Sie wollen den Sieg feiern.

LYSANDER Aber du hast doch verloren. Wieso bist du betrunken?

OWEN Spieler trinken vor allem, wenn sie verloren haben. Wir wollen dann die Niederlage im Schnaps ersäufen.

LYSANDER *kopfschüttelnd* Hoffnungslos. Es ist hoffnungslos. Wie kann ich aus dir noch einen Helden machen? Eher befreie ich die Tochter des Bürgermeisters auf eigene Faust.

Nimmt den Owen auf die Schulter und schleppt ihn mehr schlecht als recht von der Bühne.

OWEN *singt wieder* ich bin ein Held … ich bin ein Held.
VORHANG

Dritte Szene

Ein Garten. Erst McMillam allein, Mariella, im Hintergrund Rike. Später: Huhn, Lysander.
McMillam geht auf und ab. Schaut auf seine Taschenuhr.

McMillam Sie ist spät dran. Musste sie erst den Boten ihres Vaters entkommen? Oh welch Schauder mich beim Gedanken an diesen alten Greis befällt. Der Alte wird mit seinem Geiz das Theater ruinieren. Aber seine Tochter, die ist schon eine Augenweide. *Wandert weiter umher, nicht nervös, sondern genervt.*

Ihre Pünktlichkeit hat sie von dem Alten. Ich bin gewiss, er wird das Theater ruinieren anstatt es zu verkaufen, jetzt wo es noch ein wenig Wert besitzt. Doch wenn ich seine Tochter eheliche, werde ich es erben und verkaufen. *gieriger Gesichtsausdruck*
Hält inne. Da ist sie ja, ich kann sie durch das Tor kommen sehen.

Mariella betritt die Bühne zügigen Schrittes, geht auf McMillam zu und wirft sich ihm an den Hals. Dieser stößt sie unsanft weg.

Mariella Oh, richtig, die Schergen meines Vaters, sie könnten uns sehen.

McMillam *fährt sich mit der Hand durch seine perfekt sitzenden Haare* Ich wollt nur nicht, dass Euer Puder Flecken auf meinem neuen Rock ...

54

Mariella sieht ihn strengen Blickes an ... er wird leiser und sagt wieder lauter: Die Schergen Eures Vaters. Jaja, ganz richtig.

MARIELLA Was sagt Ihr da?

MCMILLAM Nichts weiter. *abweisende Handbewegung*

MARIELLA Hach … *seufzt* mein Herz versinkt in tiefster Trauer, dass ich Euch den ganzen Tag um mich hab und Euch nicht umarmen, Euch nicht küssen darf. Es ist wie eine unsichtbare Kette, die mich in den düsteren Abgrund zieht.

MCMILLAM Ganz recht. Kleidsam ist mein neuer Rock, nicht wahr?

MARIELLA *seufzt wieder* Oh mein starker schmucker Mann.

MCMILLAM Wie recht du hast. *Fährt sich über die Schultern, wischt unsichtbare Staubkörner weg.*

MARIELLA Dann fühlst du, wie ich mich fühle. Es ist eine Schmach, dass wir unsere Liebe nicht öffentlich machen können. Zu gern nur würde ich der ganzen Welt verkünden, dass du, Sohn des Hauses McMillam, mein Auserwählter bist. *Wird immer lauter, fängt fast an zu singen.*

MCMILLAM *sieht sich erschrocken um* Leiser, meine Geliebte. Noch ist die Zeit nicht gekommen, als dass wir unsere Liebe öffentlich gestehen können. Und wenn Ihr nicht Vorsicht walten lasst, dann wird Euer Vater dafür sorgen, dass nicht ein Ring Euren Finger ziert, sondern eine Schelle meine Hand. In den Turm wird er mich stecken.

MARIELLA *fährt zusammen* Schrecklich wäre das.

MCMILLAM Wahrlich. Diese Sträflingskleidung will so gar nicht zu mir passen.

MCMILLAM An diesen Schreiberling will er mich verkaufen. Diesen Burschen. Nur damit mit ihm der Wohlstand seiner Eltern in unserem Hause Einzug hält. Widersinnig scheint es mir zu sein, vertraut er Euch, McMillam, als seinem Assistenten in jeder Hinsicht, ja, behandelt er Euch wie sein eigen Fleisch und Blut …

MCMILLAM Doch als Gemahl für seinen wertvollsten Besitz, da will er diesen Strolch. Mit einem Stücke soll er das Theater retten, doch am Ende geht es um das Geld der Eltern, das von der hohen Schuldlast ihn befreien soll. Und das, wo doch jeder weiß, dass Lysander mir das Wasser nicht zu reichen vermag.

MARIELLA Nur um das Geld geht es ihm dabei. Die Liebe zu seiner Tochter ist einzig Heuchelei. Oh, mein Herzensmann, so saget doch, um meiner bangend Seele Ruh, dass einen Plan Ihr habt, der all das noch zum Guten wendet.

MCMILLAM Nun, wahrlich, einen Plan den gäb es da schon … *Zieht den Dolch aus dem Gürtel.*

MARIELLA NIEMALS! Es ist mein Vater, den Ihr dort zu meucheln sucht. Es muss doch eine andere Lösung geben. *Wandert nervös umher.*

MCMILLAM Dann schaffen wir eben Lysander aus dem Weg. Die Welt würde diesen Taugenichts wohl kaum vermissen …

MARIELLA Stück für Stück übereilt mich die Ahnung, dass unweigerlich etwas vergossen werden muss. Entweder meine Tränen oder stattdessen Blut.

RIKE *zum Publikum* Welch finstre Pläne sich hier nur ereifern. Doch wenn McMillam und die Tochter des Direktors ein Paar wären, so bliebe Lysander einzig und allein für mich. Dann hätt ich Zeit, ihn zu bekehren und er würde lernen, mich zu lieben. – Rasch muss ich einen Plan ersinnen. *Schleicht von dannen.*

MCMILLAM Scht! *eindringlich* Habt Ihr das gehört? Da ist doch jemand. Mit Eurer schrillen Stimme habt Ihr Aufmerksamkeit erregt.

MARIELLA Ach Ihr. *Lacht leise.* Mein Geliebter, langsam ereifert sich der Wahn in Euch? *Schlingt die Arme um ihn und busselt ihn.* Niemand war dort. Eure Phantasie spielt Euch einen Streich.

RIKE *bleibt abrupt stehen und flüstert* Ich muss leise sein. Wenn man mich erwischt, wird man mich in den Kerker werfen. *Duckt sich.*

MCMILLAM Ihr werdet recht haben. *seufzt* Wahrlich wird der Wahn mich noch ereilen, wenn diese Geheimnistuerei nicht bald ein Ende findet und ich hinter jeder Ecke und hinter jedem Busch jemanden vermute, der uns verraten könnte.
In diesem Moment rennt ein Huhn über die Bühne und Lysander wie angestochen hinterher. McMillam und Mariella schauen sich fragend an, zucken dann aber mit den Schultern und wenden sich ihrem Gespräch zu.

MARIELLA Genug der Säuselei, Geliebter. Ich muss heim, bevor mein Vater meine Abwesenheit bemerkt.

MCMILLAM Es ist recht. Ihr müsst nun gehen. In der Ferne höre ich bereits die Diener Eures Vaters rufen.
Verneigt sich und schaut ihr hinterher, während sie die Bühne verlässt. Geht dann in die andere Richtung – vielleicht hier ein hastiger Abschiedskuss?

RIKE *tritt auf die Bühne, nachdem beide weg sind.* Einen Plan muss ich ersinnen, Lysander diese Wachtel aus dem Kopf zu treiben. Und dann hab ich ihn für mich allein.

Wieder rennt das Huhn über die Bühne und Lysander hinterher. Er schwingt ein Schmetterlingsnetz.

RIKE Herr, was ist hier los?

LYSANDER *außer Atem, auf der Stelle laufend* Liebe Magd, frag nicht. Du würdest es nicht verstehen.

RIKE Vielleicht, Herr, kann ich Euch helfen?

LYSANDER *denkt kurz nach* Wenn ich es mir recht überlege, wäre es vielleicht gar nicht mal so übel, noch ein zweites Paar Hände zu haben. Seht euch dieses Vieh an! Es verspottet mich! *Zeigt auf das Huhn.*
Das Huhn streckt Lysander die Zunge raus und schneidet ihm Grimassen.

RIKE Was wollt Ihr mit dem Huhn? Der Knecht hat doch erst geschlachtet.

LYSANDER Meine goldene Feder ist verschwunden. Ohne sie, da bin ich sicher, wird das Stück nichts werden. Also schnappe ich mir dieses Huhn und …

RIKE … bekommt dann eine neue Feder? *fragend*

LYSANDER Ganz recht, das ist der Plan. Nur dieses Tier, glaubt es oder nicht, ist das Böse in Person. Es ist listiger, als jeder Fuchs es wäre. *Wirft dem Huhn böse Blicke zu.* Aber jetzt hat sein Triumph ein Ende.

Tut so, als ob er weiter mit Rike reden würde, macht aber Schritt für Schritt auf das Huhn zu und rennt dann sofort los; das Huhn ergreift ebenfalls die Flucht und eine wilde Verfolgungsjagd beginnt, die Rike nur kopfschüttelnd mit ansieht.

LYSANDER *keuchend, wischt sich den Schweiß von der Stirn* Es ist genug. Ich geb es auf. Das Tier ist einfach nicht zu greifen. Es ist zu schlau. Den ganzen Tag jage ich ihm schon hinterher. Aber nun reift ein anderer Plan: Ich werde mit dem Beil es holen, wenn es nachts schläft …

RIKE Herr, habt Ihr etwas einzuwenden, wenn ich es mal versuche?

LYSANDER *herablassend* Nur zu. Du wirst genauso kläglich scheitern wie ich.

RIKE *kniet sich hin und lockt das Huhn mit sanften, sonderbaren Geräuschen an*
Zögerlich reagiert das Huhn und tappst in Rikes Richtung. Lysander schaut ungläubig.

RIKE *streicht dem Tier über den Kopf* So, mein liebes Tier. Damit dein Herr sein Stück beenden kann, brauchen wir noch eine Feder von dir. *Zupft dem Huhn die Feder aus, streichelt ihm erneut über den Kopf.* Husch, lauf zurück zum Stall. *Das Huhn gehorcht und geht ab.*

LYSANDER Wahrlich, du beeindruckst mich!

RIKE *kichert* Macht mich nicht verlegen. *Reicht ihm die Feder.*

LYSANDER Hab tausend Dank! Mit dieser Feder kann ich nun das Stück beenden und vor allem das Herz der süßen Mariella gewinnen! Ohne dich wäre das niemals möglich gewesen. Du bist meines Glückes Schmied. *Ohne sie eines Blickes zu würdigen, verlässt Lysander eilig die Bühne.*

RIKE *schaut ihm traurig hinterher* Seines Glückes Schmied sagt er. Viel lieber wäre ich seines Glückes Grund. *Lässt den Kopf hängen und geht ab.*

Dritter Akt

Erste Szene

Küche in Lysanders Haus. Rike arbeitet, die Mutter sitzt am Tisch und strickt. Später McMillam. Klopfen.

KASSANDRA Geh bitte und sieh nach, wer uns zu so später Stunde mit seiner Gegenwart beehren möchte. Ist es nicht von höchster Wichtigkeit, dann schick ihn fort, den Störenfried.

RIKE Jawohl, Herrin. *Verschwindet zügigen Schrittes von der Bühne.*

KASSANDRA Es wird doch nicht wieder die Stadtwache sein, die Lysander volltrunken aus dem Brunnen fischen musste …
Rike kehrt zurück. Mit McMillam im Schlepptau.

RIKE Herrin, McMillam, der Gehilfe des Direktors bittet um Eure Zeit.

KASSANDRA Von Bitten kann hier kaum die Rede sein. Er steht mitten in meinem Haus und nimmt sich meine Zeit.

McMILLAM Edle Dame, lasst mich kurz mein Anliegen vortragen, dann werdet Ihr verstehen, dass ich zu so unchristlicher Zeit Euer Zuhause heimsuche. Es geschieht, und das will ich betonen, nur mit den edelsten Motiven.

KASSANDRA *amüsiert* Nur mit den edelsten Motiven sagt ihr, junger Freund? Nun denn, die Neugier nagt bereits an mir. Ich schenk euch fünf Minuten, nicht weniger, nicht mehr. Und ist es nicht von Interesse, so lasse ich Euch von meinem Stallburschen bis an das andere Ende der Stadt prügeln.

MCMILLAM *schluckt* Sei es drum. Ich zweifle, dass die Notwendigkeit dazu besteht. Und ich will es Euch beweisen. Darum hört mich erstmal an.

RIKE *zum Publikum* Welch falsches Spiel wird hier gespielt? McMillam dieser Schuft erscheint aus edelsten Motiven? Ich glaub es kaum. Bestimmt hat Mariella ihn hierher gesandt, um Lysanders feinen Namen selbst bei seinen Eltern zu beschmutzen.
Schaut zu Kassandra und McMillam. Nein! Ich muss das um jeden Preis verhindern.

MCMILLAM Also gute Frau …
wird von Rike unterbrochen

RIKE *zu McMillam* Edler Herr, Ihr seht verdurstet aus. Darfs was sein? Was Euer Herz begehrt, so sagt es mir.

MCMILLAM *freundlich* Nichts, schönes Kind. Hab vielen Dank. *zu Kassandra* Vom feinsten ist Euer Personal. Adrett und höflich, zuvorkommend und gewissenhaft.

KASSANDRA Kommt zur Sache!!

MCMILLAM Wohlan. Es begab sich also, dass der Herr Direktor, seines Zeichens nicht mehr ganz in bester Verfassung …
wird von Rike unterbrochen

RIKE *zu McMillam* Edler Herr, Ihr seht verhungert aus. Darfs was sein? Was Euer Herz begehrt, so sagt es mir.

MCMILLAM *weniger freundlich* Lass gut sein, Mädchen. Mir ist nach nichts und wenn, dann ließe ichs dich wissen. *zu Kassandra* Wirklich exquisit Ihr Personal!

KASSANDRA McMillam, Eure Zeit läuft. Nun erzählt mir von Euren edlen Absichten.

MCMILLAM Ihr habt Recht. So soll es sein.

KASSANDRA Nun, dann fahret endlich fort.

MCMILLAM Der Handel Eures Sohnes ist nicht das, was er zu sein …

RIKE Edler Herr, Ihr seht übermüdet aus. Darf ich Euch vielleicht zum Gästezimmer geleiten?

MCMILLAM *laut* Nein, verdammt! Ich will weder essen, noch trinken, noch schlafen, noch sonst irgendein Bedürfnis stillen, außer mich deiner Herrin mitzuteilen …

KASSANDRA Dann tue Er dies auch endlich. Werter McMillam, mich überkommt das Gefühl, dass ihr einen Schabernack mit mir zu treiben sucht.

MCMILLAM *stotternd* Ich äh … ich will doch nur berichten, wie der Direktor …

RIKE *überschüttet McMillam mitten im Satz mit einem Krug Wein* Oh … *gekünstelt* edler Herr, ich bin untröstlich. Könnt Ihr einer kleinen Magd ihr Missgeschick verzeihen?

MCMILLAM *springt auf* Mein neuer Rock! Das kann nicht sein! Dafür wirst du in der Hölle schmoren. Du elendige …

KASSANDRA *unterbricht McMillam* Zügelt Eure Worte, junger Mann. In meinem Hause wird nicht geflucht. Und schon gar nicht von einer so zwielichtigen Erscheinung, wie Ihr es seid.

RIKE *kichert*

KASSANDRA Und nun verschwindet. Ich will Euch hier nicht mehr sehen. Und wenn doch, dann werdet Ihr doch noch Bekanntschaft mit den Knechten machen!

MCMILLAM Ihr macht einen Fehler, meine Teuerste, einen gewaltigen Fehler. Und Euer Sohn wird dafür Buße tun. Nicht erst eines Tages, sondern sehr sehr bald …

KASSANDRA Ich sags Euch ein allerletztes Mal: zieht Leine!

MCMILLAM *geht missmutig und fluchend ab*
Einen Moment ist Stille, dann brechen die beiden Frauen in schallendes Gelächter aus.

KASSANDRA Ein echtes Goldstück bist du, liebste Rike! Auf deine Dienste war schon immer Verlass.

RIKE *verlegenes Kichern* Was, meine Herrin, wenn es doch von Bedeutung war, was McMillam euch berichten wollte?

KASSANDRA Ganz egal, was dieser Bursche mir über meinen Sohn oder diese sinnlose Spielerei von einem Handel mit dem Direktor erzählen wollte, es wär tausendmal gelogen. Und außerdem, da sei dir gewiss, gibt es nichts, was eine gute Mutter nicht schon weiß.

RIKE Wie recht Ihr habt.

KASSANDRA Ich werde jetzt zu Bett gehen. Sieh bitte noch einmal nach Lysander. Er hat seine Kammer heute den ganzen Tag nicht verlassen. Das schönste Theaterstück der Welt wird nicht fertiggestellt werden können, wenn der Autor auf halbem Weg verhungert. *Lacht sanft.*

RIKE Sicher, Herrin. Ich werde ihm ein kleines Mahl bereiten und es ihm servieren.
Rike geht an den Tisch und bereitet das Mahl. Kassandra geht ab.

Zweite Szene

Lysander sitzt verzweifelt an seinem Pult und schreibt. Er zerknüllt einen Bogen Papier nach dem anderen und wirft sie achtlos in den Raum. Dann steht er auf und wandert umher, wühlt in seinen Habseligkeiten. Er sucht die Feder.

LYSANDER Es kann nicht wahr sein. Wo ist sie nur? Meine goldene Feder … ich kann sie nicht finden! Sie muss gestohlen worden sein. Es ist zum Haare raufen. Ohne diese Feder bin ich nichts. Und die Feder von dem ollen Huhn will auch nicht so recht helfen. *Nimmt eine andere Feder und beginnt kritzelnd den nächsten Akt zu schreiben.*
KEIN PULT MEHR, SONDERN EIN BELEBTER HAFEN.
Ein belebter Hafen. Man kann Möwen schreien hören, Menschen rennen geschäftig umher.

TANZ – Owen betrunken mit Matrosen

Volk. Ein Händler mit einem Bauchladen. Seberius, Serpentia und Jazill. Eine der Diebinnen mit einem zappelnden Bündel (Isobel auf einer Sackkarre oder anderes Hilfsmittel). Lysander zieht Owen etwas abseits, beide verstecken sich. Beobachtend.
Die drei Marktweiber stehen um eine Marktbude herum. Eine poliert mit einem Tuch Äpfel, die anderen schnattern durcheinander.

MARKTWEIB 1 *verschwörerisch* Habt ihrs gehört?

MARKTWEIB 2 Was gehört?

MARKTWEIB 1*noch leiser, winkt die beiden zu sich heran* Mein Neffe ist Wachmann im Palast des Bürgermeisters. Er sagt, man hätte Lady Isobel entführt.

MARKTWEIB 2 UND 3 *viel zu laut* WAS?!

MARKTWEIB 1 *legt den Finger auf die Lippen* Pscht!! Noch ist es geheim, da man die Täter noch in der Stadt vermutet.
Jazill schleicht um den Stand herum und bedient sich in unachtsamen Augenblicken.

MARKTWEIB 2 Man vermutet die Täter noch in der Stadt?

MARKTWEIB 1 Oh ja. Man hat die Tore bereits geschlossen und die Wachen verdoppelt.

MARKTWEIB 3 Und hat man eine Belohnung ausgesetzt?

MARKTWEIB 1 Mit Sicherheit! So lasst uns gemeinsam die Augen offen halten und das Gold dann teilen.

Die drei blicken angestrengt in verschiedene Richtungen, während hinter ihnen die Bösewichte aufmarschieren.

SEBERIUS Nun, da wir die Tochter haben, schaffen wir sie erst einmal in unseren Unterschlupf.

JAZILL *Unsichtbarer Auftritt, hinter oder aus dem Bauchladen. Stiehlt bei einem Marktstand Obst.* Ganz recht. Dort werden uns die Handlanger des Bürgermeisters nicht finden. Und dann können wir ein unglaubliches Lösegeld erpressen. Gold und Edelsteine, so viele, dass wir sie kaum tragen können.

SEBERIUS *erzürnt* wir werden KEIN Lösegeld erpressen, weil ich …

SERPENTIA Ganz ruhig, Bruder. Ganz ruhig.

SEBERIUS *macht WOOZA Handbewegungen und summt sein Mantra* Ich kann nichts für diese Dummheit. Ich werde sie nicht grausam bestrafen. Ich kann nichts für diese Dummheit. Ich werde sie nicht grausam bestrafen …

SERPENTIA Jazill, sieh was du angerichtet hast. Irgendwann wird das nicht mehr so gut ausgehen und er wird dich …

JAZILL *äffend* auf brutalste und grausamste Art und Weise auslöschen. Ich bin eine Diebin. Ihr Bruder ist das kriminelle Genie …

SEBERIUS *unterbricht sie* „Superschurke".

JAZILL Was?

SEBERIUS *wichtigtuerisch* Wir bevorzugen die Bezeichnung „Superschurke". Erzbösewicht. Ja, wenn es dramatisch werden soll, sogar „Nemesis". Und manchmal auch …

SERPENTIA *genervt* Mein lieber Bruder, wir haben es begriffen.

Das verschnürte Bündel versucht während des ganzen Gespräches, Stück für Stück wegzuhoppeln.

SEBERIUS *entdeckt den Fluchtversuch* Hey! Hiergeblieben. *Schnappt das Bündel und wirft Jazill und ihrem Dieb einen strafenden Blick zu.*

SERPENTIA Nur gut, dass wir in der vergangenen Nacht noch Zerstreuung in der Pinte gesucht haben. Das Pokerspiel war genau die richtige Ablenkung nach so einer stressigen Entführung. Vor allem nach einer Entführung ohne Blutvergießen. Ganz ehrlich, lieber Bruder, das machen wir beim nächsten Mal aber wieder anders, nicht wahr?
Jazill hat unbemerkt den ganzen Marktstand leergeräumt.

JAZILL *beißt in einen der gestohlenen Äpfel* Ich fand das gar nicht so schlecht.

SEBERIUS Es wird Zeit, dass wir auf unser Schiff kommen. Hier wird es langsam zu gefährlich.

ISOBEL *aus dem Sack, hüpft zwischen die Schurken* Und viel zu heiß in diesem rauen Sack. Er erstickt mein feines Haar und wird meine Haut in die einer Magd verwandeln.
Seberius, Serpentia und Jazill blicken sich fragend an.

ISOBEL Ganz recht! Der Sack hier ist für Kartoffeln, nicht für eine liebliche Person wie ich es bin. Also seht zu, dass ihr mich endlich auf euer Schiff schafft.

SERPENTIA Schweig still, du Schnepfe! Sonst bring ich dich zum Schweigen.

SEBERIUS Wie oft soll ich dir noch …

ISOBEL *unterbricht Seberius* Nur zu. Ihr habt meine Frisur bereits getötet, und auch meine Nägel sind geborsten. Nur zu, zögert nicht und bringt es rasch zu Ende. SO will ich nicht mehr weiterleben …
Serpentia zieht den Dolch, Jazill muss sie zurückhalten.

SERPENTIA Oh, nur zu gern …!
Seberius, Serpentia, Jazill und Isobel diskutieren lautstark.

LYSANDER Jetzt ist deine Stunde gekommen, Owen. Du kannst hier und jetzt beweisen, dass du ein wahrer Held bist.

OWEN Aber wenn ich das doch überhaupt nicht sein will?

LYSANDER Du musst wollen. Du bist der Held in meinem Stück. Du bist der Grund dafür, dass die Menschen ins Theater gehen.

OWEN *tippt sich an die Stirn* Du bist nicht mehr ganz richtig im Kopf, Junge.

LYSANDER Bin ich nicht? Wundert es dich gar nicht, dass du vergangene Nacht noch einen Hut getragen hast und in einem Saloon deinen Besitz beim Glücksspiel verloren hast und schon heute aussiehst, wie ein Freiherr seiner Majestät. *zögert* Ein dreckiger und betrunkener Freiherr seiner Majestät?

OWEN *schaut an sich herunter und schüttelt dann den Kopf* Dir bekommt die Hafenluft nicht, mein Freund.

LYSANDER Wenn ich meine Feder hätte, würd ichs dir beweisen. Alles, was ich schreibe, geschieht. Warum meinst du wohl, stinkt es hier nach Fisch?

OWEN Weil das ein Hafen ist.

LYSANDER Nein, weil ich es geschrieben habe. Weil es Atmosphäre schafft. Warum sollte hier wohl sonst ein Hafen sein, wenn er nicht meiner Fantasie entsprungen ist?

OWEN Weil hier das Meer ist. Und all die Schiffe aus fernen Landen sonst nicht anlegen könnten.

LYSANDER *lässt den Kopf hängen* Ich geb es auf. Nimm dir meinen Rat einfach so zu Herzen: Du wirst der Held in diesem Stück sein. Also begib dich nun dorthin und fordere die Tochter des Bürgermeisters.

OWEN Aber ich WILL nicht!

LYSANDER Du wolltest es nicht anders. *Stößt Owen aus dem Versteck, springt selbst kurz hervor und ruft.* Hey, ihr fischköpfigen Banditen! *Springt dann wieder ins Versteck.*
Die drei Bösen drehen sich um und erblicken nur Owen.

SEBERIUS Schaut, wen wir da haben. Ist das etwa der schlechte Verlierer, der nach einer fairen Niederlage auch noch eine Prügelei anzetteln wollte?
Alle drei lachen.

JAZILL Ja, Meister, das ist der Bursche. Den habt Ihr kräftig über den Tisch gezogen mit Euren vier Assen.

SEBERIUS *hört schlagartig auf zu lachen und schaut Jazill böse an*

JAZILL *duckt sich vorsorglich*

ISOBEL Wie könnt Ihr Zeit haben, Landstreicher zu verprügeln, wenn ich noch immer hier in diesem Sack stecke?! Meine Haare werden …

SERPENTIA *boxt den Sack leicht* SCHWEIG ENDLICH!

ISOBEL *hochnäsig* Nun gut, ich schweige. Aber nicht aus Furcht, sondern damit ihr meine Haut nicht mit weiteren Blessuren verseht.

OWEN Also war es doch ein falsches Spiel! Ich wusst es gleich, als ich Euch sah. *Krempelt sich die Ärmel hoch.*

SERPENTIA Und was begehrst du nun, mein bettelarmer Freund?

OWEN *zum Publikum* Die Schurken sind in der Überzahl. Wenn ich es mir recht überlege, ein Raufbold bin ich nie gewesen.

LYSANDER *aus dem Versteck* Kommt schon, ihr stinkenden Halunken!

ISOBEL Ja, stinken tun sie wirklich …

OWEN *panischer Blick ins Publikum*
Die drei Bösewichte gehen auf ihn zu.

SERPENTIA Liebster Bruder, *zuckersüßer Sing-sang* bitte lass mich ihm einen Arm abhacken. Ober beide? Oh ich bitte dich …

JAZILL Besser noch die Beine. Sein Schuhwerk scheint von guter Qualität zu sein.

SEBERIUS Höchstpersönlich werde ich ihm seinen Kopf abreißen!

OWEN Wer braucht schon Helden? *Rennt schreiend und wimmernd von der Bühne.*
Die drei entdecken Lysander.

SERPENTIA Wenn ich schon nicht unseren Verlierer martern darf, dann doch wenigstens diesen Jungen hier.

SEBERIUS Nur zu, nur zu. Ich gestehe, mein Herz dürstet auch nach ein wenig Blut.

LYSANDER Schurken wollt ich schaffen, Bösewichte, die die Welt erzittern lassen, doch das hier, das sind wahrlich Monster. *Rennt ebenfalls von der Bühne.*
Jazill will folgen, doch Serpentia deutet ihr mit einem Kopfnicken, dass sie lieber auf das immer noch schimpfende Bündel aufpassen soll.

SEBERIUS Wir müssen zum Schiff und die Tochter des Bürgermeisters wegschaffen. In der Ferne kann ich schon die Wachen hören, die durch den Tumult

hier alarmiert wurden. Rasch schnappen wir uns noch die beiden Streuner und machen uns von dannen. Komm Schwester!
zu Jazill Du passt auf unsere Beute auf.

JAZILL *schaut auf ihren Sack*

SEBERIUS *bemerkt das* Auf die andere. *Deutet auf das Bündel.*

JAZILL *mürrisch* Schon klar.

SEBERIUS *tritt mit zügigen Schritten die Verfolgung an*

SERPENTIA *zu Jazill* Und vielleicht fällt dir diese störende Person ja versehentlich ins Hafenbecken …

JAZILL Nein. Herrin, warum sollte mir das passieren?

SEBERIUS (AUS DEM OFF) Schwester! Komm und bring den Dolch!

SERPENTIA *macht Halsabschneider-Geste* Vielleicht passiert ja auch ein Unfall und die arme Tochter ersäuft dir einfach?

ISOBEL Hier? In dieser Brühe? Das wäre Gift für meine Haut!

SEBERIUS SCHWESTER!!

SERPENTIA *geht hinterher*
Jazill schnappt sich zusammen mit den Diebinnen das Bündel und geht in die andere Richtung ab.
Kurz ist die Bühne leer, dann kommen Lysander und Owen zurück. Klatschnass.

LYSANDER Ein feiner Held bist du mir.
vorwurfsvoller Blick

OWEN Hey! Wer hat dich aus dem Hafenbecken gerettet?

LYSANDER Die alte Frau vom Fischstand. Und dich auch. Weil du nicht einmal schwimmen kannst!

OWEN Aber ich bin dir nachgestürzt, um dich zu retten.

LYSANDER Es kam wir vor, als hättest du versucht, meinen Münzbeutel zu stehlen. Uns fehlt die Kraft. Und uns fehlt auch der Mut, solch ein Unterfangen ein weiteres Mal in Angriff zu nehmen. Vor allem aber, lieber Owen, fehlt uns meine Feder. Ohne die sind wir nichts.

OWEN Hör zu, Junge, ich weigere mich, deine Geschichte zu glauben und ich weigere mich noch viel mehr, dein Verlangen nach dieser Fcdcr für voll zu nehmen. Deine ach so mächtige Feder ist so wertvoll, dass ein Vogel sie verloren hat. *Nimmt einen Schluck aus dem Flachmann.*

LYSANDER Wir müssen einen anderen Weg finden. Ohne die Feder.

OWEN Ganz recht. *genervt* Ohne die Feder. Vielleicht … *zögert und hebt beschwörerisch die Hände* vielleicht sollten wir … *dramatische Pause*

LYSANDER Sollten was?

OWEN Einen Plan schmieden?!
VORHANG

Vierter Akt

Erste Szene

Lysander sitzt in seiner Kammer. Er ist am Ende seiner Kräfte. Sein Stück will ihm nicht gelingen. Er hat den Mut verloren, ist nah der Aufgabe. Rauft sich immer und immer wieder die Haare.

LYSANDER Die Kreativität, wohin ist sie geflohen? Morgen muss ich dem Direktor mein Stück, das EINE Stück präsentieren, doch die Muse hat mich verlassen. Abermals. *Schlägt den Kopf auf den Tisch.* *Es klopft.*

LYSANDER *blickt zur Tür, winkt aber kraftlos ab* Nein, ich will niemanden sehen. Nicht jetzt. Niemals mehr. *Senkt den Kopf wieder auf den Tisch.* *Es klopft erneut. Heftiger.*

LYSANDER *versucht die Stimme zu erheben, schafft es aber nicht und verfällt in ein tiefes Schluchzen* Ach lasst mich! Was will ich mit anderen in meiner Nähe, wenn ich die eine, die ich liebe, niemals bekommen werde?
Rike betritt die Bühne.

RIKE Junger Herr, ich wollte mich nach Eurem Befinden erkundigen. Im ganzen Hause, ach was sag ich, in der ganzen Stadt spricht man von nichts anderem, als von dem jungen Lysander und wie er am morgigen Tag das Theater retten und die Tochter des Direktors gewinnen wird.

LYSANDER *missmutig* Tut man das?

RIKE Oh ja, mein Herr, da könnt Ihr Euch gewiss sein. Man munkelt sogar, dass der Direktor Euch in den Schuldturm sperren lassen wird, wenn Ihr den Vertrag nicht einhaltet.

LYSANDER *erschrocken* Was?!

RIKE Ihr wusstet das nicht? Andernorts heißt es, dass Ihr am Galgen hängen werdet. *kichert* Doch das ist nur das Gerede der Leute.

LYSANDER Ich bin am Ende. Niemals wird mein Stück rechtzeitig fertig werden. Niemals werde ich SIE für mich gewinnen und zu allem Überfluss werde ich den Namen meiner Familie ruinieren und bis zum Ende meiner Tage im Schuldturm schmachten. *Hält inne.* Und es ist rechtens. Ich bin kein Schreiber, kein Autor, sondern nur ein Junge, der sich der Konsequenzen seines Handelns nicht bewusst gewesen ist. Ein Niemand, der immer nur WOLLTE, aber niemals bereit gewesen ist, für das Erreichen seiner Ziele harte Arbeit zu leisten. *Lässt den Kopf wieder auf den Tisch sinken.*

RIKE Aber mein Herr, das ist nicht wahr. Ihr seid ein guter Mensch mit einem reinen Herzen.

LYSANDER Was weißt du schon?

RIKE *geht herum und zieht Lysander von seinem Stuhl* Ich weiß, dass mich Eure Zeilen jeden Abend begeistern, mich so sehr erfreuen, dass ich mir die Hand vor den Mund halten muss, damit ich nicht das ganze Haus durch mein Lachen aufwecke. So erfrischend ist euer Stück.

Geht ein paar Schritte von ihm weg. Ich weiß, dass mich Eure Zeilen jeden Abend wütend machen, mich so sehr in Rage bringen, dass ich versucht bin, laut zu brüllen. So sehr verachte ich die Schurken in Eurem Stück.

Geht wieder auf ihn zu. Ich weiß, dass mich Eure Zeilen zu Tränen rühren. Nicht um der Geschichte willen, sondern weil mir beim Lesen gewahr wird, dass sie von jemandem geschrieben wurden, der so unglaublich sehr liebt, dass er sich auf einen Handel eingelassen hat, der so irrsinnig ist, dass nicht einmal der Teufel ihn vorschlagen würde.

LYSANDER Was? Was redest du? Es gibt kein Stück …

RIKE Vor allem aber weiß ich, mein lieber Lysander, dass diese Zeilen von jemandem geschrieben wurden, der so verzweifelt geliebt werden möchte, dass der Schmerz, den ihm eine jede Ablehnung bereitet, zu zerstören droht.

LYSANDER *monoton* Von welchen Stück redest du? Ich habe nichts zu Stande gebracht, was auch nur im Ansatz brauchbar ist. Und *ärgerlich* woher willst du wissen, welchen Schmerz ich empfinde? Das kannst du niemals wissen!

RIKE *sieht ihn an* ... *Sieht ihn lange an, und geht anschließend einen Schritt auf ihn zu. Greift seine Hände.* Ihr irrt euch, mein Herr. Gleich in beiden Fällen.

LYSANDER *stotternd* Ich verstehe nicht. Was möchtest du mir sagen?

RIKE Ich weiß, welchen Schmerz Euer gequältes Herz empfindet, weil … *hält inne, zögert ... traut sich nicht*

LYSANDER *Seine Züge verändern sich. Er beginnt zu verstehen.* … weil du ihn selbst empfindest. Weil du ihn Tag für Tag in dir trägst.

Die Gesichter nähern sich einander, die Stimmen der beiden werden leiser.

RIKE … weil ich Euch tagein tagaus hier leiden sehe und bis tief in die Nacht Euer Klagen höre. Weil ich weiß, wie es ist, einem Traum nachzujagen …

LYSANDER … wohlwissend, dass man ihn niemals erreichen, niemals zu greifen bekommen wird … *nimmt ihr Gesicht vorsichtig in seine Hände*

RIKE … und bei all dem Eifer, den man auf diese aussichtslose Jagd verwendet …

LYSANDER … verliert man den Blick für das, was wirklich von Bedeutung ist …

RIKE … und für diejenigen, die einen von ganzem Herzen lieben.

Sie küssen sich – scheinbar, da schiebt Rike ihn sanft von sich weg – will dies eigentlich gar nicht, aber sie weiß, dass sie das tun muss.

RIKE Nein. Nicht jetzt. Schließlich habt Ihr ein Stück zu schreiben …

LYSANDER Sieh dich um. Es ist nichts verblieben, was man ein Stück nennen könnte.

RIKE Wie ich bereits sagte: Ihr irrt euch.

LYSANDER Aber wie meinst du das?

RIKE *zieht einen DICKEN Stapel Papier aus ihrer Schürze* Es gibt sehr wohl ein Stück.

LYSANDER *außer sich* Mein Manuskript! Ich erkenne meine Schrift! Aber … woher hast du es? Ich habe doch jede Seite einzeln auf den Boden geworfen und du hast sie *zögerlich* jeden Tag weggeräumt. *begreift*
umarmt sie Du bist ein Goldstück. Ein Geschenk und wohl der einzige Freund, den ich jemals hatte.

RIKE *drückt ihm sanft das Manuskript in die Hand. Ihr kommen die Tränen.* Es fehlt der letzte Akt. Stellt es fertig, Ihr müsst einen Vertrag einhalten.

Hält inne. Ich bereite Euch ein Mahl und Ihr … Ihr schreibt, wie Ihr noch nie in Eurem Leben geschrieben habt.

TANZ Lysander: Tanz der Federn

VORHANG

Zweite Szene

Das Versteck der Schurken. Seberius und Serpentia sind anwesend. Jazill versteckt. Seberius sitzt auf seinem Thron in der Mitte der Bühne, Serpentia zu seiner Rechten. Serpentia schleift mit langsamen Bewegungen ihren Dolch, Seberius hat das Kinn auf die Hand gestützt und schaut traurig.

SERPENTIA Bruder, was grämt dich so sehr? Du bist kaum wiederzuerkennen.

SEBERIUS *winkt ab*

SERPENTIA Du kannst es nicht verheimlichen. Etwas bedrückt dich. Als deine Schwester kann ich das erkennen.

SEBERIUS Ach, Schwester. Es ist nicht einfach. Wir haben die schöne Isobel gefangen und werden sie bald ihrem Vater präsentieren. Alsdann ist es vorbei mit unserem Leben, vorbei mit Mord und Plünderei, vorbei mit all dem Spaß. *Lässt den Kopf hängen.*

SERPENTIA Wir werden dich schon wieder auf andere Gedanken bringen. Und am besten dadurch, dass wir deine Beute mal begutachten. *Wendet sich ab.*

lauter Jazill, bring die Beute.

Jazill taucht aus dem Nichts auf; Seberius und Serpentia zucken zusammen.

JAZILL Herrin, haltet Ihr das für eine gute Idee?

SERPENTIA *sieht Jazill fragend an* Was meinst du, Jazill?

JAZILL *vorsichtig* Herrin, die Beute hat gewisse Eigenarten …

SERPENTIA Nun rede nicht drum herum, sondern bring die Tochter des Bürgermeisters endlich her!

JAZILL Nun Herrin, ganz wie Ihr befehlt. *Jazill pfeift laut.*
Die drei Diebinnen treten auf, sie führen das wild zappelnde Bündel auf die Bühne.

DELINQUENTE Herrin Jazill …

CRIMINALE … wie Ihr befohlen habt …

MALVIVENTE … hier nun die Beute Eures letzten Raubzuges.

DELINQUENTE Wir sind froh, dass wir sie nicht mehr im Kerker aufbewahren müssen.

CRIMINALE Viele der Gefangenen klagten über diese Folter …

MALVIVENTE … und so mancher bettelte sogar darum, ihn auf der Liste mit den Hinrichtungen …

DELINQUENTE … ganz weit oben einzutragen.

JAZILL Nun hört Ihr es selbst, Herrin, unsere Beute hat gewisse Eigenarten, die …

SERPENTIA *macht eine ablehnende Handbewegung* Rede nicht, sondern lass uns sehen, was wir hier erbeutet haben.

JAZILL *resigniert* Ja, Herrin. *Gibt den Diebinnen ein Zeichen.*
Umständlich entfernen die Diebinnen den Sack über Isobels Kopf. Zwei halten ihre Arme fest, die Dritte hält den leeren Sack. In dem Moment, als der Sack entfernt wird, beginnt Isobel zu reden.

ISOBEL Endlich! Das hat ja nun auch lange genug gedauert. Können Sie sich eigentlich vorstellen, was das billige Leinengewebe Ihres noch viel billigeren Sackes meinen Haaren antut?!

Jazill zuckt mit den Schultern und sieht Serpentia fragend an.
Isobel reißt sich von den Diebinnen los.

ISOBEL Und grapscht mich nicht so an. Das gibt nur blaue Flecken und dann kann ich mein neues ärmelfreies Ballkleid nicht mehr tragen. Gewaschen habt ihr euch auch nicht, zumindest verrät das der Geruch.
Die Diebinnen starren sich entsetzt an.

ISOBEL Die feuchte Luft hier ist Gift für meinen Teint, wann wurde denn das letzte Mal gelüftet? So schwül wie es hier ist, war das bestimmt noch vor meiner Geburt. Die düsteren Wände in diesem Unterschlupf sind meiner nicht im Ansatz würdig. Ein wenig Farbe würde hier wahre Wunder bewirken …

SERPENTIA *zornig* Jetzt reicht es! Wenn du noch ein Wort sagst, dann werde ich dir deine störende kleine Zunge aus dem Mund schneiden.

ISOBEL Aber doch nicht mit diesem rostigen, stumpfen Dolch, oder? An Eurer Stelle würde ich für solch ein sensibles Unterfangen eine Klinge aus feinstem Toledostahl empfehlen. Ihr müsst dann lediglich die Zunge ein wenig spannen *gestikuliert zu ihren Worten* und dann entgegen der Fasern … *simuliert das bei Jazill, diese versteht erst nicht und wehrt sich dann*

SERPENTIA *unterbricht Isobel* Glaubst du, ich scherze? Du kleines Licht, meinst du, das hier ist ein Schauspiel zu deiner Unterhaltung? Dein Leben hängt nur an der Gutmütigkeit meines Bruders und wenn er nicht wäre, würde dein lieber Vater dich in Stücken zurückbekommen. In vielen kleinen Stücken *schwärmerischer Ton*, die ich allesamt selbst anfertigen würde. Mit dem rostigsten und stumpfesten Messer, das ich finden kann.

SEBERIUS *hat die Szene beobachtet und erhebt sich nun langsam. Schreitet von seinem Thron an seiner Schwester vorbei auf Isobel zu. In einigem*

Abstand baut er sich vor ihr auf. Isobel schaut ihn ängstlich an.

Meine Gute *ruhiger, gemeiner Ton*, ich bezweifle, dass du dir der Lage bewusst bist, in der du dich befindest. Wie meine Schwester schon sagte, handelt es sich keineswegs um ein Schauspiel, um dich zu belustigen. Und wenn Serpentia sagt, dass sie dich gerne in Stücke schneiden würde, dann ist das alles andere als ein Scherz.

Seberius mustert sie. Wenn du dich benimmst und einfach deinen Mund hältst, dann wird deine Zeit in unserem Kerker kurz und schmerzlos für dich sein. Schon bald bist du dann auch wieder in deines Vaters Armen und das hier ist nichts weiter als ein böser Traum.

Hält inne. Aber … *nochmal inne* … wenn du dein Verhalten nicht änderst, dann werde ich dich meinen Folterknechten übergeben.

SERPENTIA *mischt sich ein* und dann wirst du nicht mehr reden, sondern nur noch winseln …

SEBERIUS *betrachtet Isobel und lässt seine Worte wirken*

ISOBEL *erst ängstlich, dann verhöhnend* Nein! Nicht auf die Folterbank …

SEBERIUS *zu Serpentia* Siehst du Schwester, genau so macht man seinen Opfern Angst …

SERPENTIA *nickt anerkennend*

ISOBEL … die Folterbank ist aus so altem und schändlichem Holz, dass ich mir einen Splitter reißen werde. Und Druckstellen werde ich haben, am ganzen Leib. Stunden der Folter sind anstrengend. Ich werde schwitzen und heiser vom Schreien sein. Ob ich dann wohl eine Pause machen dürfte, um mein Haar zu waschen?

Seberius lässt die Schultern sinken und schüttelt den Kopf, hält dann kurz inne und beginnt sein Mantra zu summen.

SERPENTIA Ja lieber Bruder, genau so macht man das … *bekommt einen bösen Blick von Seberius*

ISOBEL Und … ob ich wohl während der Folter dann ein Glas heiße Milch bekommen könnte? Das schont meine Stimme und ich kann noch länger schreien. *Zu einer Diebin.* Könnte man wohl die Fesseln ein wenig lockern? Nicht, dass meine Knöchel sich noch blutig scheuern.
Wie selbstverständlich bückt sich die Diebin, um die Fesseln zu lockern, doch Seberius unterbricht sie.

SEBERIUS *laut* Wirst du wohl!?

DELINQUENTE Ja, Meister. Verzeiht, Meister.

SEBERIUS *winkt ab* Es ist kaum noch zu ertragen.

JAZILL Mich überkommt der Verdacht, dass wir ihrem Herren Vater einen Gefallen mit dem Raub seiner Tochter getan haben.

SERPENTIA Wir sollten ihr die Zunge entfernen …

ISOBEL *will wieder anfangen zu reden, Seberius deutet den Diebinnen, ihr den Sack wieder überzustülpen*

DELINQUENTE UND CRIMINALE Nun ist es gut mit dem Geseier. *Halten die Arme von Isobel fest.*

MALVIVENTE Und nun wird es wieder dunkel … *Stülpt Isobel den Sack wieder über den Kopf.*

ISOBEL *aus dem Sack* Vorsichtig mit meinen Haaren. Wenn meine Frisur kaputt geht, werde ich Euch drei zur Rechenschaft ziehen. Ihr werdet hoffen, dass mein Vater Euch vor mir erwischt …

SERPENTIA Bruder, lass mich ihr die Kehle durchschneiden. *Energischer und mit mehr Nachdruck.* Lass uns auf den Reichtum verzichten. Diese Schnepfe ist es nicht wert.

SEBERIUS *deutet den Diebinnen resigniert, das Bündel ein Stück beiseite zu schaffen und wendet sich zu Serpentia* Lass uns die Übergabe vorbereiten, bevor ich es mir wirklich anders überlege.

Die Diebinnen schleppen das Bündel an den Rand der Bühne. Serpentia und Seberius gehen in die andere Richtung ab, Jazill verschwindet im Dunkel. Die Bühne ist bis auf Isobel leer.

ISOBEL Hallo? *Hüpft in die Mitte der Bühne.* Ist hier jemand? *Hält inne; keine Antwort.* Oh weh. Jetzt hat man mich verlassen. Alleine bin ich nun. Zum Sterben hat man mich zurückgelassen. Verhungern werde ich und dann werden sich die Ratten und das andere Getier an meinem edlen Fleische gütlich tun.

Kann den Sack lösen und wirft ihn verachtend zu Boden. Was ist nur geschehen? Ist das vielleicht die Strafe für meine Undankbarkeit? Mein Vater wird mich nicht mal suchen. *seufzt* Eine schreckliche Tochter bin ich ihm gewesen. Hätte ich nur die Chance, ihn noch einmal zu sehen und ihn um Verzeihung zu bitten. Würde ich diesen Tag überstehen, dann würde ich mich ändern und die Güte, die in meinem Herzen wohnt, nicht mehr verbergen.
Überlegt kurz. Ganz recht. Von heute an soll die Lady Isobel eine noble und liebenswerte Frau sein, geliebt von ihren Mitmenschen und geachtet von ihrem Vater. So wahr ich hier stehe, ich werde mich ändern …
Serpentia kommt auf die Bühne und unterbricht sie.

SERPENTIA Ruhe jetzt! Für dramatische Monologe ist hier keine Zeit. Wir haben morgen einen langen Tag vor uns. *Setzt ihr den Sack wieder auf.*

ISOBEL *rastet aus* Es reicht. Ich habe es versucht. Ich war lange genug ein netter Mensch! *Tritt nach Serpentia.* Ich werds dir zeigen, du Flittchen!

SERPENTIA *geht lachend einen Schritt zurück und pfeift nach den Diebinnen*

DELINQUENTE Hier sind wir, Herrin.

CRIMINALE Stets zu Diensten …

MALVIVENTE … und allzeit bereit!

SERPENTIA Knebelt diese Göre und bringt sie ins Verließ!

ISOBEL Knebeln wollt ihr mich? Und in den Kerker werfen? Ihr seid nicht mehr bei Sinnen. Ich werde das niemals erlauben! Unter keinen Umständen lasse ich mich erneut von euch widerlichen Viechern anfassen! Niemals! Noch bevor der Abend gekommen ist, werde ich euch …

SERPENTIA *unterbricht Isobel* Und wenn sie nicht endlich schweigen will, schneidet ihr die Haare ab!

Isobel schlägt beide Hände vor den Mund und ist sofort ruhig. Die Diebinnen verpacken Isobel und schleppen sie von der Bühne. Serpentia geht in die andere Richtung.

Dritte Szene

Owen und Lysander inmitten eines Science Fiction-Szenarios. Sie tragen hypermoderne Kleidung.

OWEN Und das ist nun dein Plan? Für mich hat es den Anschein, als sei das Ganze ebenso zum Scheitern verurteilt wie die Sache im Hafen.

LYSANDER Hab nur Vertrauen. Es wird schon werden. *Hält einen aufgeklappten Laptop hoch.* Damit wird es funktionieren. Viel besser als mit einer schnöden Feder.

OWEN Das hoffe ich zu sehr. Der Händler, von dem wir es gestohlen haben, ging mit der Laser-Flinte auf uns los! Was für ein Held wäre ich geworden, wenn ich bereits bei den Vorbereitungen mein Leben gelassen hätte?

LYSANDER *geht näher an Owen und schnuppert*

OWEN Was ist?

LYSANDER Du hast wieder getrunken! *Empörung* Wie soll ich aus dir einen Helden machen, wenn du immerzu betrunken bist?!

OWEN Ich bin nicht betrunken, ich bin ein Spieler …

LYSANDER Ja, ich weiß. Spieler trinken aus Lust, wenn sie gewonnen haben und aus Frust, wenn sie

verloren haben. ABER WIR HABEN NICHT GE-
SPIELT! Warum trinkst du also?

OWEN Am häufigsten trinken Spieler zur Vorberei-
tung. Das entspannt und hilft dabei, entweder zu
gewinnen oder zu verlieren.

LYSANDER *Kopfschütteln* Das ist völliger Unfug!
Schaut sich um – hält inne. Ich höre Stimmen.
Rasch, wir verbergen uns und gehen den Plan noch
einmal durch.

OWEN Soso, Stimmen hörst du? Aber ich bin ein
Trinker, ja?
* Lysander zerrt Owen in das Versteck, beide ver-
stecken sich in einer Ecke.*

OWEN Also, hier im Büro des Bürgermeisters werden wir warten, bis Seberius auftaucht und die
Tochter des Bürgermeisters mitbringt.

LYSANDER Richtig. Und wie gehts weiter?

OWEN Hoffentlich ist die heiße Hexe auch wieder
mit dabei. *Mit einem Zwinkern zum Publikum.*
Mit der könnte man bestimmt gut …

LYSANDER *unterbricht Owen* … der Plan!

OWEN Oh ja, richtig. Dann werde ich Seberius stellen und ihm mit flinken Worten seinen Plan entlo-
cken. Der Bürgermeister und seine Männer werden
das Ganze dann von dort beobachten *zeigt auf eine

Seite der Bühne* und sobald der Beweis vollkommen ist, werden sie den Schurken einsperren.

LYSANDER Ganz genau. Du hast gut aufgepasst.

OWEN Um die heiße Hexe mit dem Dolch werde ich mich höchstpersönlich kümmern. **grinst**

LYSANDER Nein, du wirst dich in die Tochter des Bürgermeisters verlieben und ihr werdet bis zum Ende eurer Tage glücklich werden.

OWEN Oh, wie romantisch! **Mit negativer Betonung, genervt.** Wenn du es sagst, Schreiberling …

LYSANDER Wenn ich es sage. Und nun still. Sie kommen.
Seberius und Serpentia betreten die Bühne.

SEBERIUS **schaut sich prüfend um** Was für ein passendes Ambiente für die Umsetzung meines genialen Planes. Zu schade nur, dass niemals jemand von Bedeutung davon erfahren wird.

SERPENTIA Aber Bruder, ich kenne doch deinen Plan.

SEBERIUS **wie beiläufig** Das sage ich ja. Niemand von Bedeutung.

SERPENTIA **möchte etwas sagen, wird aber von Seberius unterbrochen**

SEBERIUS *legt einen Finger auf den Mund* Pscht! Da kommt der Bürgermeister. *Richtet die Kleidung. Streicht sich durch die Haare.*

SERPENTIA *schaut nachdenklich* Aber ich und sogar Jazill wissen von dem Plan und wissen ihn zu würdigen.

SEBERIUS *zischend und langgezogen* Jaahaa, *atmet tief durch* mein genialer Plan wird einzig durch dich und Jazill in Erinnerung bleiben. *Summt sein Mantra.*
lauter Und *inne* sei *inne* ruhig!

SERPENTIA *nickt zufrieden und macht eine „verschlossen-Geste"*
Bürgermeister tritt hektisch auf.

BÜRGERMEISTER Und? Was gibt es so Eiliges? Ich habe wichtige Geschäfte zu tätigen und keine Zeit für Wegelagerer und *mustert Serpentia* Dirnen.

SERPENTIA *will wieder etwas sagen, wird jedoch mit einer Hand von Seberius beiseite geschoben*

SEBERIUS *analytisch, die Äußerung des Bürgermeisters ignorierend* Bürgermeister, gehe ich recht in der Annahme, dass es sich bei diesen *übertrieben betont* wichtigen Geschäften um die Suche nach Eurer Tochter handelt?

BÜRGERMEISTER *erschrocken* Was?! Woher wisst Ihr, dass meine Tochter verschwunden ist?

Habt Ihr etwas mit der Sache zu tun? Wo ist meine geliebte Isobel? *Hyperventiliert.* Geht es ihr gut? Habt Ihr sie gesehen? Oder eine Spur von ihr?

SEBERIUS *hebt beschwichtigend die Hand*

SERPENTIA *leise* Zumindest wissen wir nun, von wem das kleine Biest seine Zunge geerbt hat.

BÜRGERMEISTER Was?!

SEBERIUS *dreht den Kopf und zischt Serpentia an* Ruhig! *Genervt zum Publikum.* Warum tue ich mir das eigentlich an? *Zieht einen leuchtenden Wutball oder ein kleines, zerfetztes Kuscheltier aus der Tasche und knautscht ihn hektisch.*

SERPENTIA Wir haben …

SEBERIUS *schiebt Serpentia hinter sich* Bürgermeister, ich mache Euch nun ein Angebot, dass Ihr nicht ablehnen könnt.

BÜRGERMEISTER *eingeschüchtert* Nun redet schon. Habt Ihr meinen Engel Isobel gesehen? Kennt Ihr den Entführer? Fordern sie ein Lösegeld? Ich zahle jeden Preis. Hört Ihr? Jeden Preis. Nichts ist mir zu teuer für meine geliebte Isobel. Ich würde alles für sie geben.

SEBERIUS *hebt erneut die Hand* Lasst uns zu den Details kommen, Bürgermeister.
Owen springt aus seinem Versteck.

OWEN Bürgermeister, hört nicht auf diese Schurken! Es ist alles Lüge!

SEBERIUS *macht einen Schritt vor Owen und ignoriert ihn vollständig. Lysander tritt aus dem Versteck. Owen schaut ihn fragend an. Lysander macht aufmunternde Handbewegungen.* Eine Verkettung von Umständen führte dazu, dass Eure Tochter sich nun in meiner Obhut befindet.

BÜRGERMEISTER Ist sie am Leben? Geht es ihr gut? So sagt es doch endlich!

SEBERIUS Nur die Ruhe, Herr Bürgermeister, nur die Ruhe.

OWEN *drängt sich dazwischen* Bürgermeister, Ihr dürft diesem Halunken auf keinen Fall glauben. Er will Euch hinters Licht führen. *Zückt einen Flachmann und nimmt einen Schluck.*

Der Bürgermeister und Seberius treten beiseite, um ungestört reden zu können.

OWEN *stampft vor Wut auf* Das kann doch nicht wahr sein! *Blickt zu Lysander. Dieser zuckt mit den Schultern und macht wieder seine aufmunternde Geste. Owen zückt wieder den Flachmann, trinkt einen Schluck und stellt fest, dass er leer ist.*

SEBERIUS Wir haben Eure Tochter aus den Klauen übler Gesellen gerettet und wollen sie natürlich ihrem liebenden Vater zurück geben.

OWEN Wenn ich das schon höre! Dieser Heuchler. *verzweifelt* Bürgermeister, hört mich doch an!

BÜRGERMEISTER Jetzt schaffe man doch den Landstreicher hier raus!

OWEN Macht euch keine Mühe. Ich spare es mir. Dann geht doch dem Schurken auf den Leim. Ich geb es auf! Ein Held sein? Ich? Auf keinen Fall! Die Sache hat sich nun erledigt. *Will wieder aus dem Flachmann trinken, dieser ist aber leer, sodass Owen ihn wütend in die Ecke wirft. Über die Bühne zu Lysander.* Vergiss es! Das hat alles keinen Sinn! *Lysander kommt hinzu, Bürgermeister schaut entsetzt.*

BÜRGERMEISTER Wie kommen all die Landstreicher hier herein? Gibt es hier ein Nest von denen?

SEBERIUS *zum Bürgermeister* Beachtet diese Streuner nicht. Lasst uns lieber zum Thema kommen.

OWEN *mustert Serpentia* Vielleicht sollte ich das Heldendasein aufgeben und mit der heißen Hexe durchbrennen.

SERPENTIA *zieht den Dolch* Hüte deine Zunge, sonst lernst du mich kennen!

OWEN *wirft ihr amouröse Blicke zu* Das würde ich nur zu gern. *Dreht sich um und will von der Bühne gehen.*

LYSANDER *rennt hinterher* Jetzt reiß dich doch zusammen! DU bist der Held in diesem Stück. DU musst das Mädchen retten!

OWEN *laut* ICH bin kein Held. Und, mein Freund, ganz ehrlich: Das Mädchen ist mir völlig egal. Die ganze Sache hab ich nur gemacht, weil ich dachte, es könnte lustig werden und weil du so ein kümmerliches Kerlchen bist. *Wieder der Griff zum Flachmann (er hat noch einen zweiten im Stiefel!).*

LYSANDER Ein feiner Held bist du mir, du Säufer. Du hättest die Sache im Griff haben müssen. Du hättest es schaffen können. Du Elendiger!

OWEN *ruhig* Ich bin kein Säufer, sondern ein Spieler.

LYSANDER *winkt ab und trottet davon*

BÜRGERMEISTER Können wir jetzt über Isobel sprechen? Wo ist sie?
Lysander und Owen stehen etwas abseits und diskutieren. Owen mustert derweil Serpentia.

SEBERIUS Nur zu gerne. Wie bereits erwähnt, haben wir weder Kosten noch Mühen gescheut, um Eure Tochter zu finden. Und jetzt möchten wir sie endlich Heim bringen.

Isobel kommt, im Sack verpackt, auf die Bühne gerannt. Rennt gegen Tische und Stühle. Kurze Zeit später kommen die drei Diebinnen hinterher und schauen schüchtern und ängstlich in die Richtung von Seberius.

SEBERIUS Das kann doch alles nicht wahr sein. *Knetet den Wutball oder Teddy.*

ISOBEL Vater, ist es deine Stimme, die ich hier unter diesem Lumpen höre?

BÜRGERMEISTER Mein Goldstück! *Geht zu ihr und entfernt den Sack.*

ISOBEL *redet ohne Punkt und Komma* Dem Herrn sei Dank. Endlich bin ich daheim. Es war so schrecklich bei diesen Leuten. In einer finsteren Grotte musste ich hausen und auf einer hölzernen Pritsche musste ich schlafen. Haltungsschäden habe ich bestimmt davon getragen. Und die Fesseln! Vater, immerzu war ich mit dieser billigen Jute gefesselt. Meine Handgelenke sind noch immer ganz wund. Hätte man da nicht Seide nehmen können? Und überhaupt, warum hat man mich gefesselt? Haben diese Barbaren etwa wirklich gemeint, dass ich bei einer Flucht Gefahr laufen wollte, mit diesen stinkenden Wilden in Kontakt zu kommen? Nein! Lieber wäre ich in der Zelle verhungert, was in Anbetracht des trockenen Brotes und des abgestandenen Wassers auch beinahe passiert wäre …

103

SEBERIUS *wirft den Ball ärgerlich in die Ecke und wendet sich zu Serpentia* Es hat doch alles keinen Sinn. Vielleicht war der Plan doch nicht so gut, wie ich dachte …

SERPENTIA *hat die ganze Zeit mit Owen geflirtet und nicht zugehört* Dann bringen wir jetzt alle um?

SEBERIUS *Kopfschütteln, dann wendet er sich zum Bürgermeister* Wollt Ihr DIE wirklich wieder haben?

BÜRGERMEISTER Ich verstehe nicht ganz.

SEBERIUS Nun, es gäbe da Mittel und Wege.
Serpentia zieht den Dolch und grinst.

BÜRGERMEISTER *lächelt* Nein, nein. Aber den hier *hebt den Sack hoch* würde ich gerne behalten. Nur für den Fall.

SEBERIUS Fein. Dann ist die Angelegenheit für uns ja nun erledigt. Komm, Schwester, wir treten den Heimweg an und besinnen uns auf unser altes, aber feines Leben. *Schickt sich an zu gehen.*

BÜRGERMEISTER Halt!

SEBERIUS *bleibt stehen* Was?

BÜRGERMEISTER Einen Helden brauchen wir, mit dem ich Isobel vermählen kann.

SEBERIUS Oh, Bürgermeister, dann wünsche ich Euch viel Erfolg bei der Suche. Meine Dienste stehen in dieser Angelegenheit nicht zur Verfügung.

BÜRGERMEISTER Aber Ihr seid der Held und ihre Hand steht Euch zu.

SERPENTIA Dann nehmen wir ihre Hand mit. *Lächelt, Messer in der Hand.*

ISOBEL *nickt* Ich werde ihn schon zähmen. *Springt Seberius an den Arm.* Die Verwegenen, die Haudegen, die Verbrecher, ach was für einen romantischen Reiz sie auf eine Dame von gutem Hause doch ausüben.

SEBERIUS *schubst Isobel einfach weg* Ich verzichte dankend. *Schaut sich suchend um und entdeckt Owen.* Bürgermeister, der wahre Held *pfeift Owen heran* steht hier. Er und nur er hat Eure Tochter verdient.

OWEN Niemals! Nie im Leben!

ISOBEL Ihr Männer tut fast so, als hätte ich da nicht auch ein Wörtchen mitzureden.

SEBERIUS UND BÜRGERMEISTER GLEICHZEITIG Hast du nicht!

OWEN Lieber sterbe ich, als mich auf diese Ziege einzulassen! *zu Lysander* Sieh sie dir an! Die ist nicht halb so schmackhaft wie die heiße Hexe hier.

Erntet böse Blicke mit einem Lächeln drunter von Serpentia.

LYSANDER *lässt wortlos den Kopf sinken und geht ab*

SEBERIUS *verschwörerisch zu Owen* Pass auf, Junge: Du kannst wirklich ein Held werden. Nimm die Elster doch ruhig. Schlecht sieht sie nicht aus. Und ihr Alter hat gefüllte Schatzkammern. Und obendrauf bekommst du von mir deine Farm zurück.

OWEN *denkt kurz nach* … und die Pferde?

SEBERIUS Die Hälfte der Pferde.

OWEN *insistierend* Alle Pferde!

SEBERIUS Die Hälfte!

OWEN Ein Viertel! Mein letztes Angebot.

SEBERIUS *schaut verwirrt in die Runde, schlägt dann aber ein* Pakt ist Pakt. *Schiebt Owen zu Isobel, welche ihn offenkundig mustert.*

OWEN *pfeift durch die Lippen* Stimmt stimmt, *zu Seberius* die ist nicht ohne!

BÜRGERMEISTER Dem Himmel sei Dank. Nicht nur, dass ich meine Isobel heute wiederbekomme, nein, auch einen Mann hat das Schicksal mir … ähm … ihr beschert.

ISOBEL Sauber ist er ja nun nicht. Und stinken tut er, wie ein Büffel, aber ich denke, er hat durchaus Potenzial. Eine neue Frisur, eine Maniküre und ein paar ordentliche Kleider könnten daraus ein recht passables Mannsbild machen. Und Benehmen bring ich dir auch noch bei, mein Kleiner!
Owen schaut panisch.

SEBERIUS Kommt, Männer, wir ziehen uns zurück.
Die drei Diebinnen schauen sich fragend an, reihen sich dann aber ein und machen sich auf, von der Bühne zu gehen.

ISOBEL Und Tanzen wird er lernen. Die Augenweide auf jedem Ball werden wir sein, mein Liebster! Bilden werden wir dich auch. Und schon bald können wir gemeinsam Schiller lesen …

OWEN Das ist zu viel. So gut waren die Pferde nicht und das Land war eigentlich auch öde. *Tritt einen Schritt von Isobel weg.*

Seberius und Serpentia verlassen mit den Diebinnen die Bühne.

OWEN *schaut Isobel an, schaut dann Serpentia hinterher und wiederholt diesen Vorgang*

ISOBEL Mathematik, Astrologie und so viel Freuden des Geistes mehr, denen wir uns hingeben können.

OWEN Ich könnte mich jetzt noch von dir verabschieden … *Schaut die ganze Zeit Serpentia hinterher, während er Isobels Hände hält.*

ISOBEL Was?!

OWEN *rennt den Schurken hinterher* Hey, meine heiße Hexe, warte!

VORHANG

TANZ: Isobel allein

Vierte Szene

Der Salon im Haus von Lysanders Eltern. Kassandra sitzt in Ihrem Sessel. Rike wirbelt herum und bereitet alles vor, da wichtiger Besuch ansteht.

KASSANDRA Nun ist er also gekommen, der große Tag. Heute wird Lysander dem Direktor sein Stück vorlegen. Sag Rike, was hältst du von dieser Sache? Hat unser Lysander eine Chance, den Direktor zu begeistern und am Ende dessen Tochter zu gewinnen?

RIKE Herrin, niemals war ich fester von einer Sache überzeugt *wendet sich zum Publikum, traurig*, und niemals hab ich mehr für das Gegenteil gebetet.

KASSANDRA Dann sind wir einer Meinung. Mein Junge wird … *Klopfen unterbricht sie* – Hör, die Gäste sind da. Eile doch und führe sie herein.

RIKE Sehr wohl. *eilt*

KASSANDRA *seufzt* Dann hat das Drama der Schreiberei heute endlich ein Ende. Ich konnte es kaum abwarten. Was wird mein Junge wohl als nächstes aushecken? Wird er malen? Wird er jagen? Ich kanns nicht sagen.
Rike tritt mit dem Direktor, Mariella und McMillam auf die Bühne. Stellt einen Kuchen auf den Tisch.

KASSANDRA Willkommen, Direktor, in unserem bescheidenen Heim. Ich hoffe, Eure Reise war recht angenehm.

DIREKTOR Edelste, das war sie in der Tat. Ich möchte mich für die Einladung bedanken, den denkwürdigen Tag der Vermählung meiner Tochter hier in Eurem schönen Landsitz zu verbringen. Nicht wahr, McMillam? Es ist uns eine Ehre. *Haut McMillam auf die Schulter.*

MCMILLAM *trotzig* Es ist uns eine Ehre.

KASSANDRA Darf ich Eure Gaumen mit einem edlen Wein erfreuen, während wir auf meinen Sohn hier warten?

DIREKTOR Oh gewiss, da sage ich nicht nein.
Rike geht bereits herum und schenkt aus einem großen Krug ein. Als sie zu McMillam kommt und der den Krug sieht, der sein Kostüm ruinierte, zuckt er erschrocken zurück.

RIKE *provozierend* Ihr werdet doch so einen edlen Tropfen nicht verschmähen, edler McMillam?

MCMILLAM *rausredend* Doch … ähm … ich muss noch reiten.

KASSANDRA *witzelnd* Das ist nicht Euer Ernst? Ein Glas Wein hat noch niemandem geschadet.

DIREKTOR *ernst* Ein Glas hat noch niemandem geschadet.

MCMILLAM So sei es. Dann nehm ich auch ein … *noch bevor er ausgesprochen hat, hat Rike den Wein über sein Kostüm geschüttet.*

RIKE Ich bin untröstlich, edler McMillam.
McMillam will die Hand erheben, da reißt der Direktor den Arm hoch und zeigt ans andere Ende der Bühne.

DIREKTOR Seht, da ist er ja, der junge Schreiberling.
Lysander trottet auf die Bühne. Sein Haar ist zerzaust. Er hat die ganze Nacht nicht geschlafen.

LYSANDER *gähnend* Oh, welch volles Haus.
Verneigt sich vor dem Direktor, küsst Mariella die Hand und funkelt McMillam böse an.

DIREKTOR Ja mein Junge, alle haben wir uns deinetwegen und wegen deiner Kunstfertigkeit heute hier versammelt. Sag, hast du mir ein Stück geschrieben, dass zur Rettung meines Theaters in der Lage ist? Hast du dir die Hand meiner Tochter verdient?

LYSANDER Das Stück, das ich hier in den Händen halte, nun … ich erlaube mir zu sagen: es ist meisterhaft. Es wird Euer Haus retten. Nein, noch mehr, es wird ihm neuen Glanz verleihen.

DIREKTOR *aufgeregt* Dann her damit. Lass mich nicht warten. Ich bin gespannt auf deine Künste.

LYSANDER *reicht dem Direktor das Stück. Rike zieht sich traurig in eine Ecke zurück, Mariella und McMillam wechseln verheißungsvolle Blicke.* Hier, nehmt und lest.

Der Direktor nimmt das Manuskript in die Hand und beginnt zu lesen – es entsteht eine lange beklemmende Stille, während er schmunzelt, die Stirn in Falten legt und murmelt. Nach einiger Zeit hebt er den Blick.

DIREKTOR Fürwahr, wer dieses Stück schrieb, hat sich die Hand meiner Tochter redlich verdient.

LYSANDER Herr Direktor, Euer Urteil als Kenner ehrt mich nicht wenig.

DIREKTOR Mein Urteil wird nicht das letzte gewesen sein, das derartig positiv ausgefallen ist. Glaub mir, wenn das Stück erst in London auf der Bühne ist … *Fährt sich aufgeregt durch die Haare.* McMillam, es ist soweit. Bereite die Hochzeit vor, bestelle einen Pfaffen und wir vermählen die beiden hier auf der Stelle und sofort!

LYSANDER *möchte etwas sagen, wird aber von Mariella unterbrochen*

MARIELLA *laut, empört, emotional, den Tränen nah mit umkippender Stimme* Es reicht mir jetzt!

Schiebt sich an McMillam vorbei in die Mitte der Bühne. Steht ihrem Vater gegenüber.

DIREKTOR *entsetzt* Was ist denn los, mein Goldstück?

MARIELLA Ihr seid ein Gauner, ein hinterlistiger Dieb, der für das Erreichen seiner Ziele selbst seine Tochter verkauft! Ich bin es leid! Und nur damit Ihrs wisst: *trotzig* Ich liebe einen anderen!

DIREKTOR *um Luft ringend* Was? Das kann nicht sein. Davon möchte ich nichts wissen. Der Handel ist lange besiegelt. Geschäft ist Geschäft!

LYSANDER *mischt sich ein* Keine Sorge Herr Direktor, Ihr dürft mein Stück ja spielen. Frei von irgendeiner Pflicht. Vielleicht hilft es Eurem Haus. Und nun lasst Eure Tochter glücklich werden mit ihrem Herzensmann.

DIREKTOR Ach, mein Junge, dein Herz ist groß und gut. Doch glaube meiner Mariella hier kein Wort. Wahrscheinlich ist ihr die Kutschfahrt nicht bekommen oder sie hat den Kopf sich angestoßen. *Schiebt Mariella zu Lysander, dreht sie sogar und führt sie vor.* Seht her, sie liebt dich von ganzem Herzen.

MARIELLA *spuckt auf den Boden* Den Teufel tue ich!

LYSANDER Oder hattet Ihr tatsächlich anderes im Sinn? Man sagt, am Ende sei es alles nur des Geldes meines Vaters wegen. Ist das die Wahrheit?

DIREKTOR *lüftet sich den Kragen und wischt sich Schweiß von der Stirn* Nie und nimmer würd ich es wagen!

MARIELLA Und ob! Hinter dem Geld dieser guten Leute seid Ihr her. Vater, Lysander bot euch das Stück auch ohne meine Hand im Gegenzug. Und Ihr seid so schändlich, diesen Großmut auch noch auszunutzen?

inne Ich liebe McMillam und ich werde mit ihm glücklich werden, mit oder ohne Euren Segen! Er hat mir die Augen geöffnet. Durch ihn habe ich erkannt, dass ich lieber sterben würde, als ohne meinen McMillam und mit Lysander zu sein! *Nimmt siegesgewisse Pose ein und freut sich heimlich über die Äußerung.*

DIREKTOR *knurrt und sieht McMillam böse an* Ihr …

MCMILLAM Mein Herr, so oft habe ich um Mariellas Hand ersucht, doch Ihr …

DIREKTOR Du elendiger Taugenichts!
Verliert vollends die Fassung und jagt McMillam von der Bühne. Dabei schmeißt er die Blätter auf den Fußboden.

114

MARIELLA *peinlich berührt* Nicht doch, Vater. Siehst du nicht, wie du uns alle bloßstellst? *Trottet langsam ihrem Vater und McMillam hinterher.*

LYSANDER *blickt fragend in die Runde der Verbliebenen* Damit wäre das Geschäft wohl nichtig. *Betretenes Schweigen kehrt ein, die drei wechseln verstohlene und schüchterne Blicke.*

KASSANDRA *holt tief Luft und bricht das Schweigen* Ich … ähm … werde jetzt gehen. Das … ähm … *fügt hastig hinzu* der Kuchen riecht schon angebrannt. *Huscht von der Bühne.*

Gleichzeitig schauen Rike und Lysander auf den Kuchen, der vor ihnen auf den Tisch steht und schweigen. Rike sammelt sich und beginnt die Papiere von Lysanders Stück aufzusammeln. Etwas zögerlich beginnt Lysander ihr zu helfen. Scheinbar zufällig heben beide denselben Bogen Papier auf und erheben sich parallel aus der Hocke in den Stand. Beide schauen sich tief in die Augen.

LYSANDER Wie konnt ich es nur übersehen. All die Jahre … *Nimmt ihr Gesicht in beide Hände und küsst sie.*
VORHANG

Epilog

Lysander sitzt an seinem Pult und schreibt. Rike kommt hinzu und bringt ihm einen Brief. Während Lysander zu lesen beginnt, massiert sie ihm den Rücken.

LYSANDER Wieder ein Theater, das unser Stück spielen möchte und an das wir es verkaufen können. Nicht mehr viel und es wird im ganzen Land gespielt. Und weißt du, was das Größte ist?

RIKE Nein, mein Liebster, sag es mir.

LYSANDER Aus Mailand kommt die Frage nach dem zweiten Teil. Sie möchten die Premierenrechte. Wenn Teil zwei, „Das Böse kehrt zurück: die Rache von Seberius, Serpentia und Owen" in der Scala gespielt wird, haben wir für immer ausgesorgt.

RIKE *legt ihm die Hand auf die Schulter* Schließlich hat sich doch noch alles zum Guten gewendet.
LYSANDER Recht hast du. Das alles ist viel zu schön, um wahr zu sein. Ich glaube immer noch, ich träume.

RIKE *zwickt ihn* Nein, mein Lieber, träumen tust du nicht.

LYSANDER Na warte!

Lysander und Rike tollen erst verliebt herum, dann von der Bühne.
Mariella tritt auf, gekleidet wie eine Magd. Sie beginnt pfeifend mit einem Staubwedel das Zimmer zu säubern und findet eine Zeitung, welche von den beiden Verliebten auf den Boden geworfen wurde.

MARIELLA *seufzend* Oh Vater, was muss ich hier lesen. Du hast einfach keine gute Hand. Das Haus geschlossen, trotz der vollen Säle. Lysanders Stück zum Dank erlebte unser Theater eine letzte, eine goldene Spielzeit.

hält inne Deinen Buchhalter, meinen Schatz hast du vertrieben – und mich gleich noch dazu. Die Einsamkeit, die war dein letztes Ziel. Nun hast du sie bekommen.

Eine gute Stellung haben mein Liebster und ich gefunden, ganz ohne deine Hilfe. Und glücklich, von ganzem Herzen glücklich *spricht das Publikum direkt an*, lieber Vater, bin ich auch ohne Rüschenkleid.

Wer hätte das gedacht.

Geht ab.

VORHANG

Der Autor

Eines haben Autor Daniel Nagel und sein Protagonist Lysander gemeinsam: das Schreiben. Doch was bei Lysander humorvolle Theaterstücke sind, sind bei Daniel Nagel aus Nienstedt im Deister düstere Großstadt Romane voller Schatten und Verbrechen. Zusammen mit den Mitgliedern der Kreativgemeinschaft Dead Girl Walking Press hat der 27-jährige bereits zwei Teile seiner Trilogie „Kriegsträumer – Ehre, Stolz, Loyalität" veröffentlicht. Eine Geschichte, in der Gut und Böse, Held und Schurke, Opfer und Täter sich schon lange nicht mehr unterscheiden lassen.

Mit fiktiven Charakteren und Schauplätzen eines Romans sowie der Vorstellungskraft seiner Leser weiß Daniel Nagel umzugehen. Doch wie sieht es aus mit jungen Schauspielern, einer Bühne und einem Saal erwartungsvoller Zuschauer? Peggy Zawilla, Regisseurin und Gründerin des Jungen Theaters St. Magnus in Beber, ließ es darauf ankommen. Das Ergebnis: Die erste eigene Komödie des Theaters: „Lysander".

Weitere Informationen rund um Daniel Nagel, die Kriegsträumer-Trilogie und Dead Girl Walking Press finden Sie im Internet unter

www.deadgirlwalking.de

Die Gruppe

Rund 30 Jugendliche und junge Erwachsene im Alter von 7 bis 35 Jahren bilden Didel-Dadel-Dum, das Junge Theater der Kirchengemeinde St. Magnus in Beber. Darunter sind begeisterte SchauspielerInnen, TänzerInnen sowie Techniker und HelferInnen, die jedes Jahr im Herbst ein abendfüllendes Stück auf die Bühne bringen – Klassisches Theater mit Musik und Tanz von jungen Leuten für Groß und Klein. Für das Heimspiel in Beber wird eigens in die Mehrzweckhalle eine Bühne eingebaut.

Für das Junge Theater Didel-Dadel-Dum geht im Oktober 2009 zum elften Mal der "Vorhang auf". Unter dem Titel „Lysander – Unsere erste eigene Komödie" kommt das Stück von Daniel Nagel in Beber zur Uraufführung.

Ausführliche Informationen über das Junge Theater erhalten Sie auf der Internetseite unter

www.didel-dadel-dum.de

Dank und Mitwirkende

Junges Theater Beber, der Vorstand: Steffi Fischer, Vanessa Hansch, Torben Holle, Mike Neuendorf, Roland Plener, Peggy Zawilla, Stefan Zawilla

Lektorat: Katja Bessel, Silvi Flintermann-Plener, Christian F. Krause, Stefan Zawilla

Umschlagfoto: Photostudios Blesius GmbH, Ostertorwall 3, 31785 Hameln, www.blesius.de

Umschlaggestaltung: Daniel Nagel

Klappentext: Sonja Dreher